# 認定こども園
# 白書
## 2024

### こども家庭政策の行方と
### 認定こども園の役割

吉田正幸 ● 監修

特定非営利活動法人
全国認定こども園協会 ● 編集

特定非営利活動法人
全国認定こども園協会 発行

# 認定こども園白書 2024
## 目　次

# 第4章 こども家庭庁設置 ——新たな少子化対策と認定こども園——

おわりに　特定非営利活動法人全国認定こども園協会 副代表理事　財前 亘

＊「障害」の表記につきましては、本書の第1章～第3章では「障がい」といたしました。
　第4章につきましては各執筆者の意向を尊重しております。
　ただし、法令名や固有名称等はそのままといたしました。
＊本書の内容は、2023（令和5）年12月末現在のものとして編集いたしました。

# 「認定こども園白書 2024」発刊にあたり

特定非営利活動法人全国認定こども園協会 代表理事　王寺 直子
（あかさかルンビニー園 園長・理事長）

　2024（令和6）年1月1日に発生した「能登半島地震」により、犠牲となられた多くの方々に深い哀悼の意を表しますとともに、いまだ、過酷な避難生活を強いられていらっしゃる方々に、心よりお見舞い申し上げます。当協会も1月2日より、執行部をはじめ、石川県支部の役員や中部地区の役員の方々と被害状況を確認し、初動での支援として、飲料水や簡易トイレなどの物資を運ぶことができました。また、石川県では、保育園団体と認定こども園団体が1つとなり、「オールこども石川」という組織を作り、支援物資や支援金の取りまとめを行ってくれました。このことは今後の災害支援のモデルとなることと思っております。

　さて、初めて発刊した認定こども園白書から2年が経ちましたが、この2年間で世界の情勢をはじめ子どもたちを取り巻く社会は大きく変化してきました。まず、この3年あまり世界中をパンデミックに陥れた「新型コロナウイルス感染症」は、多くの人の命を奪うばかりではなく、人との交流を遮断し、子どもたちにおいては、オンライン授業によって学校での学習や友達との活動を制限させられ、コミュニケーションの低下が心配されています。

　また、いまだ続くロシアとウクライナの戦争をはじめ、中東の紛争も終わりがみえず、日本の物価上昇は改善の余地がみられず、各家庭への負担は大きくのしかかり、子どもの貧困は深刻な問題となっております。

　そして、この数十年来大きな問題として様々な施策が行われていた「待機児童対策」は、少子化の加速とともに消滅しようとしております。

　この混沌とした世界情勢のなかで、政府は「次元の異なる少子化対策」として、この国の未来を託すこども・子育ての施策を打ち出しました。2023（令和5）年4月にすべての子どものウェルビーイングのための「こども基本法」を施行し、2023年12月には「こども大綱」と「幼児期までのこどもの育ちに係る基本的なビジョン」が閣議決定されました。しかし、「こどもまんなか社会」の実現のために様々な施策が打ち出されているものの、財源をはじめ具体的な運用はまだはっきりと示されておりません。

　このこども施策の大きな変動期に我々「認定こども園」は、各地域で何をやらねばならないのでしょうか。また、何を期待されているのでしょうか。私たちは「認定こども園」として当初より掲げた、すべての子どもの最善の利益のため、乳幼児期の教育・保育の質の向上はもとより、認定こども園の有する総合的な機能の拡充と質の向上、さらには一層の多機能化、そして在園児にとどまらず、地域のすべての子どもと子育て家庭のために何ができるのかを考えなければならない時が来たのではないでしょうか。

　この白書を発刊するにあたり、示されたデータや解説、また、アドバイザリーボードの諸先生方のご執筆のお考えのなかに、これから我々認定こども園が進むべき道が記されているように思います。この白書を手にされた方々が各地域で認定こども園の進化する形を示していただけることが我々の願いです。

　最後に、発刊にあたりご執筆いただきました、当協会アドバイザリーボードの先生方ならびに、関係者の方々に深く感謝申し上げます。

第 1 章

# こどもまんなか社会と
# 認定こども園

第 **1** 節

# 子ども・子育て支援新制度以降の認定こども園の状況

2015（平成27）年4月から新たな子ども・子育て支援制度がスタートし、認定こども園制度も改善された。それ以前の認定こども園制度は、幼稚園と保育所の既存制度をベースに仕組みがつくられていたため、不十分な財政措置や煩雑な会計・事務処理、理解の乏しい地方自治体の消極的な対応などもあって、期待されたほど普及が進まなかった。それが、子ども・子育て支援新制度の施行に伴い、認定こども園の制度や運用の改善が図られ、全国的に普及していくこととなった。

本節では、改善された認定こども園制度の特徴を概観するとともに、認定こども園の普及状況をみていくこととする。

## 1　子ども財源の一元化

子ども・子育て支援新制度施行以前の幼稚園と保育所は、文部科学省と厚生労働省に所管が分かれ、仕組みも財源も異なっていた。公立施設の場合、幼稚園も保育所もすでに一般財源化されていたが、私立施設については、幼稚園の財源は文科省の財布のなかに"幼稚園色のお金"があり、保育所は厚労省の財布のなかに"保育所色のお金"があるイメージである。したがって、幼稚園が保育所並みの長時間預かり保育を行っても、厚労省の"保育所色のお金"はもらえず、保育所が幼児教育にどんなに力を入れても、文科省の"幼稚園色のお金"はもらえない仕組みであった。

これが子ども・子育て支援新制度になると、文科省の"幼稚園色のお金"と厚労省の"保育所色のお金"を内閣府に集めて1つの財布とし、"子ども色のお金"に一元化されたというイメージとなる。

新制度の創設に際しては、民主・自民・公明3党の与野党合意による「社会保障・税一体改革に関する確認書」が交わされ、そこでは幼児教育・保育・子育て支援の充実に1兆円超の財源が必要とされた。このうち、消費税引き上げ分のなかから約0.7兆円が内閣府の財布に投入され、新たな制度に移行した幼稚園、保育所、認定こども園に対しては、共通の給付（施設型給付・私立保育所は引き続き市町村からの委託費）が行われることになった。

また、質の改善を目的として1歳児と4・5歳児の職員配置基準改善に資する財源を含む0.3兆円あまりの財源については、早期に確保するとの国会附帯決議が行われたが、この0.3兆円あまりの財源については、制度施行から8年が経過した2023（令和5）年においても未だ実現されていない。後述の閣議決定された「こども未来戦略」のなかで、1歳児や4・5歳児の職員配置基準を改善する内容が盛り込まれたことから、75年ぶりの配置基準改善に向

けて期待が高まった。

　実際には、4・5歳児の職員配置基準を30対1から25対1へ改善することについては、2024（令和6）年度から実施されることとなったが、1歳児の6対1から5対1への改善は2025（令和7）年度以降に先送りされた。当初は加算対応だけで「児童福祉施設の設備及び運営に関する基準」等の改正は行われないとの見方も強かったが、今回の改善は基準そのものも改正されることになった。これに連動して、3歳児についても20対1から15対1へ基準の改正が行われる。

　ただ、4・5歳児の基準改善は、公定価格の基本分単価に反映するのではなく、「4・5歳児配置改善加算」によって措置することとされた。その際、チーム保育推進加算やチーム保育加配加算を受けている施設については、実質的に25対1が実現できていることから、「4・5歳児配置改善加算」は適用されないという。

　子ども財源が一元化されているため、3歳児の職員配置改善加算と同様に、4・5歳児の職員配置改善加算も認定こども園、保育所、幼稚園といった施設種別の違いにかかわらず給付される。

　一方、旧認定こども園の認可外の機能である幼稚園型の保育所機能部分、保育所型の幼稚園機能部分、地方裁量型の両機能部分については、2008（平成20）年度に創設された安心こども基金によって、一定の事業費を補助できるようにはなったが、単価は低く決して十分なものではなかった。

　これに対して、子ども・子育て支援新制度においては、保育認定を受けた子どもを受け入れ、利用者に対する個人給付である施設型給付を園が法定代理受領する形になるため、幼保連携型だけでなく他の3つの類型についても、類型の違いにかかわりなく財政措置が講じられることになった。会計・事務処理についても、共通の給付（同じ色のお金）であるため、旧制度に比べると煩雑さも減って簡素化された。

## 2　公的契約について

　新制度においては、利用者主体の仕組みを尊重する観点から、施設の利用に当たって保護者が施設を選択し、保護者と施設が直接契約する「公的契約」が導入された。したがって、保育料等は契約に基づき保護者が施設に直接支払う。ただし、契約といっても、保育認定した子どもに質の確保された教育・保育を提供する責務が市町村に課されているため、教育・保育に要する費用は「公定価格」とし、保育料は家庭の所得に応じた応能負担となっている。また、施設側には、正当な理由がない限り子どもの受け入れを拒否できない応諾義務が課せられている。

　ただし、私立保育所だけは、児童福祉法第24条の規定が残っているため、保育の実施主体は市町村となり、保育の費用についても施設型給付ではなく、旧来の制度と同様に市町村が施設に対して保育に要する費用を委託費として支払う形となる。つまり、新制度以前と同じように市町村と利用者の契約となり、入所児童の選考や保育料の徴収は市町村が行う。

# 3 認定こども園制度の基本的な仕組み

　子ども・子育て支援新制度においては、認定こども園法の一部が改正され、幼保連携型が新たな幼保連携型（新幼保連携型）に改善された。旧来の幼保連携型が幼稚園と保育所という所管の異なる2つの認可施設の組み合わせであったのに対して、新幼保連携型は教育基本法上の学校（教育施設）であると同時に児童福祉法上の児童福祉施設でもあるという単一の認可施設となった。

　新幼保連携型認定こども園は、学校であると同時に児童福祉施設でもあるため、幼稚園教諭免許状と保育士資格を併有する職員として「保育教諭」を配置しなければならない。また、保育所はこれまでの規制緩和によって株式会社等でも設置できるが、幼保連携型は学校でもあり、設置主体に規制がかかっていることから、新幼保連携型の設置主体は国・地方自治体もしくは学校法人、社会福祉法人に限られ、株式会社やNPO法人などは設置できない。

　また、新幼保連携型は単一の新たな認可施設であり、利用定員も1号認定子どもと2・3号認定子どもに分けて設定する。しかし、幼稚園から新幼保連携型に移行する場合は、3歳未満の3号認定子どもの受け入れ義務はなく、保育所から移行する場合は、保育を必要としない1号認定子どもの受け入れ義務はない。したがって、開所日や保育時間を延ばし、1号認定子どもと2号認定子どもだけを受け入れる幼稚園由来の幼保連携型認定こども園や、2号認定子どもと3号認定子どもだけを受け入れる保育所由来の幼保連携型認定こども園も存在する。

　新制度における認定こども園の具体的な特徴は以下のようなものとなる。

## ⑴ 類型
○幼保連携型
　幼稚園機能と保育所機能の両方の機能を併せもち、単一の認可として認定こども園としての機能をもつ施設。
○幼稚園型
　認可幼稚園が、保育が必要な子どものための長時間保育を行うなど、保育所的な機能を備えて認定こども園としての機能をもつ施設。
○保育所型
　認可保育所が、保育が必要な子ども以外の子どもも受け入れるなど、幼稚園的な機能を備えることで認定こども園としての機能をもつ施設。
○地方裁量型
　幼稚園・保育所いずれの認可ももたない地域の教育・保育施設が、都道府県等の認定基準で認定され、認定こども園として必要な機能をもつ施設。

## ⑵ 認定基準
　認定こども園の認定基準は、内閣総理大臣、文部科学大臣が定める基準（幼保連携型認定

こども園の学級の編制、職員、設備及び運営に関する基準）を基本に、これを参酌して各都道府県等が条例で定めている。

　幼保連携型の施設設備等、ハード面の設置基準については、本来、幼稚園基準と保育所基準の高いほうを満たすことが基本とされたが、物理的な制約から直ちに改善することが困難であることも考慮し、制度施行から10年という移行特例が認められている。今後、2024（令和６）年度以降この基準の見直しがどうなるかは大きな課題である。

### ⑶ 職員資格
○幼保連携型
　・保育教諭（幼稚園教諭の免許状と保育士資格を併有し、なおかつ幼保連携型認定こども
　　園に勤務する者）を配置

　ただし、施行から５年間（後に５年延長され10年間）は、どちらかの免許・資格保有で保育教諭とみなす経過措置があるが、保育教諭の幼稚園教諭免許状・保育士資格取得の特例や保健師、看護師等のみなし保育教諭の特例については、延長後の期限となる2024年度で再延長されるのかが課題となっている。

　これに関してこども家庭庁は、「保育士資格等に関する専門委員会」を立ち上げ、保育教諭の特例措置延長の可否や地域限定保育士制度の全国化などの検討を始めた。新制度施行以降、幼稚園教諭免許状・保育士資格の取得要件の緩和が行われ、この間に両方の免許・資格保持者は増えたが、2022（令和４）年４月１日の時点で依然として約８％（約１万2000人）がいずれか一方しか有しておらず、このままでは保育教諭として勤務することが困難になる状況が予想される。

　本来の在り方からいえば、両方の免許・資格を併有することが原則となるが、幼保連携型認定こども園の増加とともに必要な保育者数も増えたため、１万2000人を超える人材が保育教諭でなくなることは、いまだ人材難が続くなかで園にも職員にも影響が大きい。よって、特例期間終了後の取り扱いについては、前回と同様に５年間の特例延長を行うか、行わないかの論点になると思われるが、保育人材確保の問題は影響が大きいことから、これまでの10年に加えてさらに５年の延長を行う方向で検討が進む公算が大きい。

　いずれにせよ、幼保一体の総合的な機能を担う保育教諭が、いつまでも幼稚園教諭免許状と保育士資格のいずれかを有していればいいというのでは、認定こども園法に抵触するだけでなく、保育教諭そのものの存在意義にもかかわる。また、幼保連携型認定こども園は幼稚園でもなく保育所でもない新しい単一の認可施設であることから考えても、それぞれの資格を併有するよりは新しく保育教諭という資格を創設することが望まれる。

　なお、特例期間の再延長に伴って、いずれか一方の免許・資格のみを有する者に対して、「主幹保育教諭及び指導保育教諭の役職に就くことを制限すること」や、「各学級ごとに担当する保育教諭等のうち１名については資格・免許を併有している者を配置しなければならないこととすること」についても検討するとされた。

○その他の認定こども園
　　・満3歳以上：幼稚園教諭と保育士資格の両免許・資格の併有が望ましい
　　・満3歳未満：保育士資格が必要

## ⑷ 学級編制

　満3歳以上の教育時間相当利用時および教育および保育時間相当利用時の共通の4時間程度については学級を編制することとされている。ただし、保育所型と地方裁量型はこの限りではない。

## ⑸ 教育・保育の内容

○幼保連携型
　　・幼保連携型認定こども園教育・保育要領を踏まえて教育・保育を実施する
○その他の認定こども園
　　・幼稚園型は幼稚園教育要領、保育所型は保育所保育指針を踏まえつつ、幼保連携型認定こども園教育・保育要領を参考に教育・保育を実施する
　　・小学校における教育との円滑な接続や認定こども園として特に配慮すべき事項を考慮
　幼保連携型認定こども園教育・保育要領（以下、教育・保育要領）は、子育てをめぐる課題の解決を目指す「子ども・子育て支援新制度」の一環として創設された幼保連携型認定こども園の教育課程、その他の教育および保育の内容を策定したものである。また、幼保連携型認定こども園以外の認定こども園においては、それぞれの施設種別に応じた幼稚園教育要領や保育所保育指針を基本としながらも、教育・保育要領を踏まえることとされている。したがって、教育・保育要領は、すべての子どもに質の高い教育および保育を提供する観点から、すべての認定こども園にとって大きな意義をもつものである。

　この教育・保育要領は、これまでそれぞれの施設において基本とされてきた幼稚園教育要領、保育所保育指針と整合を図りながら、以下のような考えに基づいて作成された。

① 幼稚園教育要領および保育所保育指針においては、環境を通して行う教育および保育が基本とされていることを踏まえ、幼保連携型認定こども園においても環境を通して教育および保育を行うことを基本とされている。教育および保育のねらいや内容等については、健康・人間関係・環境・言葉・表現の5つの領域から構成するものとなる。

② 小学校教育との円滑な接続にも配慮している。幼保連携型認定こども園における教育および保育が、小学校以降の生活や学習の基盤の育成につながることに配慮し、乳幼児期にふさわしい生活を通して、創造的な思考や主体的な生活態度などの基礎を培うようになっている。また、幼保連携型認定こども園の園児と小学校の児童の交流の機会をはじめ、小学校の教師との意見交換や合同の研究の機会を設けたりするなど連携を通じた質の向上を図る目的が組み込まれている。

③ 幼保連携型認定こども園として特に配慮すべき事項も明示された。0歳から小学校就学前までの一貫した教育および保育を園児の発達の連続性を考慮して展開していくものと

し、園児の1日の生活の連続性およびリズムの多様性に配慮するとともに、保護者の就労や生活形態を反映した園児の在園時間の長短、入園時期や登園日数の違いを踏まえるなど、園児一人ひとりの状況に応じて教育および保育の内容やその展開について工夫をするものとされた。また、入園および年度当初は、生活の仕方やリズムに十分に配慮するものとし、教育および保育の環境の構成の工夫について、満3歳未満の園児と満3歳以上の園児がそれぞれ明示されている。

直近では、2017（平成29）年に幼稚園教育要領、保育所保育指針が改訂（改定）された。これに合わせて幼保連携型認定こども園教育・保育要領も改定され、3つの要領・指針の内容については整合をとっているとされている。しかし、こどもまんなか社会の実現を目指すなかで、ナショナルカリキュラムが3つにわかれている国は珍しく、それぞれの教育・保育施設の成り立ちが違うとはいえ、今回こども大綱に基づき幼児期までのこどもの育ちに係る基本的なビジョンが示される以上、就学前の子どもに対する要領・指針は統一されるべきだと考えられる。

### (6) 子育て支援

認定こども園においては、施設を利用する子どもたちだけでなく、地域の在宅子育て家庭を対象とした子育て支援が必須機能とされている。

これらについて認定こども園法では、①地域の子どもの養育に関する各般の問題につき保護者からの相談に応じ必要な情報の提供および助言を行う事業、②保護者の疾病その他の理由により家庭において養育を受けることが一時的に困難となった地域の子どもに対する保育を行う事業、③地域の子どもの養育に関する援助を受けることを希望する保護者と援助を行うことを希望する民間の団体や個人との連絡および調整を行う事業、④地域の子どもの養育に関する援助を行う民間の団体や個人に対する必要な情報の提供および助言を行う事業、という4つの事業が挙げられている。幼稚園や保育所における子育て支援が努力義務であるのに対し、認定こども園が義務とされていることは「こどもまんなか社会」の実現において重要なポイントであり、認定こども園の必要性や存在意義はさらに高まっているといえる。

### (7) 需給調整

これからの子育て支援施策において、認定こども園が必要不可欠な存在であることは既に述べたとおりだが、新制度では供給過剰でなければ保育所等の設置が原則認可され、供給過剰であれば認可しなくていいとされている。ただし、認定こども園に関してだけは、供給過剰であっても一定の条件の下に既存施設から認定こども園に移行できるという需給調整の特例措置が制度施行時に認められている。これは、認定こども園への移行を促進するという国の考えを反映したもので、子ども・子育て支援法に基づく基本指針のなかにその考えが示されている。

既存の幼稚園や保育所が認定こども園に移行する場合、通常の教育・保育需要（実際の需要や子ども・子育て支援計画で見込んだ需要）に加えて、都道府県等が事業計画で定める数

も含めて認可や認定をするという特例措置が講じられている。この「都道府県計画で定める数」というのは、現在の幼稚園、保育所、認定こども園の利用状況や待機児数、既存施設の認定こども園への移行希望などを踏まえて設定するもので、「供給過剰地域においても認可・認定を可能とすることを前提とするものであることから、当該数は、少なくとも『供給量－需要量』を上回る数を設定していただく必要がある」といった考えでスタートしている。

　この考えを周知するため、内閣府は、制度施行前に3度にわたり事務連絡を発出し、認定こども園への円滑な移行に各自治体が配慮するように求めた。しかし、実際には、都道府県等によって「計画で定める数」の取り扱いに温度差があったため、国の趣旨に反して「計画で定める数」を設定せず、保育所等と同じように需給調整をかけている自治体もみられる。

　また、昨今、認定こども園の増加数が鈍化してきている傾向がみられる。特に、少子化の加速により供給過剰の傾向が出てきた自治体において、認定こども園の認可を行わない傾向がみられることもあり、第3期地方版子ども・子育て支援事業計画においてどのような見直しが行われるかにも注視していく必要がある。

## ⑻ 市町村による利用調整の見直し

　児童福祉法の規定により、保育認定を受けた2号・3号認定子どもの数が保育所や認定こども園等の利用定員を上回る場合、保育所や認定こども園等は保育の必要度の高い順に受け入れることが求められており、そのためにすべての市町村は利用調整を行うこととされている。これは直接契約である認定こども園についても例外ではない。

　しかし、少子化が加速している昨今において、利用調整が意味をなさなくなっている市町村も多く、今後その数はさらに増えると思われる。元来、認定こども園の利用調整に関しては、利用者との直接契約であるという性格上、また利用者の選択や希望を重視するという観点から、市町村が強い利用調整をかけるというのは本来なじまない仕組みではある。国は制度施行前から、認定こども園について一定の条件を満たす場合、保育所のような強い利用調整はかけずに、第1希望の保護者を優先的に選考することを可能と説明している。

　具体的には、「待機児童がおらず利用状況に余裕がある市町村」、あるいは「待機児童が0人またはそれに近い状況である市町村」であれば、各園の第1希望の保護者のなかから利用調整を行い、保育の必要度（ポイント）の高い順に入園を決定することができるとされている。国の例示では、保育所を第1希望、認定こども園を第2希望とする保護者と、認定こども園を第1希望とする保護者がいた場合、認定こども園については、保育の必要度の高低にかかわらず、第1希望の保護者が優先的に選考されることになる。

　この仕組みを可能とするための実施要件も既に定められており、例えば、まったく待機児童がおらず利用状況に余裕がある市町村の場合、過去3年間において、①4月1日時点における待機児童がゼロであること、②保育所等の利用定員数が利用児童数を上回っていること、といった要件を満たしたうえで、市町村が設置する子ども・子育て会議に諮り、了承を得ることが求められている。

　今後、日本各地で待機児童が減っていくことが予想されるなかで、基本的に第1希望の利用者を受け入れることができるという利用調整の見直しは、認定こども園にとって本来の直接契約の良さを活かせるチャンスになる。教育・保育の供給過剰時代が来れば、利用者の選択や希望に応えられる直接契約制の施設にアドバンテージがあると考えられる。

　利用調整の見直しについては、実施主体である市町村が判断することができるため、今後、市町村が積極的に見直しに乗り出し、子ども・子育て会議に諮るかどうかにかかっている。認定こども園の特性や強みを活かすためには、利用調整の見直しについて、いかに市町村に働きかけるかも課題になる。

## 4　認定こども園数の推移

　まもなく認定こども園の数は約10000園になろうとしている。2015（平成27）年に始まった新制度の趣旨と目的を考えると、制度開始と同時に幼稚園、保育所等から種別を問わずに認定こども園へ移行する園が一気に増えると考えられていた。しかし、実際は私学助成を受けている多くの私立幼稚園と待機児童の多い市町村や保育所が移行を見送った感じであった。

　制度開始から数年間は、旧制度の認定こども園からの移行を含め、新制度以前の1360園から2年目で約4000園まで一気に増え、その後は年1000園ずつのペースで増加してきたが、ここ数年は増加ペースがやや鈍化してきている。結果として、新制度開始当初に移行した園は、旧制度からの認定こども園と保育所由来の園が多かった。これは、保育所から認定こども園に移行する場合と幼稚園から移行する場合では、給食設備や乳児の保育環境、職員配置等の物理的要件など、保育所のほうが整っていたため、幼稚園に比べ移行しやすかったことも要因として考えられる。

　しかし、施設数の年次比較をみてみると2015年の新制度開始以降、認定こども園数は増加の一途をたどっているのに対し、幼稚園数が徐々に減少しており、このことを考えると、幼稚園から認定こども園への移行も進んでいることもわかる。その結果、2022（令和4）年には全類型の認定こども園数が幼稚園数を超え、それと同時に在園児数も逆転した。

　類型別にみると、約7割が幼保連携型認定こども園、次いで保育所型、幼稚園型、地方裁量型の順で設置されている。保育所型認定こども園は、もともとの保育所が幼保連携型の基準を満たせないなど、認可保育所のままで認定こども園化を行っていることが考えられる。同じように、幼稚園型が一定数存在するのは、学校教育法第1条の学校（幼稚園）にこだわりがあったり、私立幼稚園の裁量をもったまま認定こども園化を図ったとも考えられる。

　設置法人別にみると、社会福祉法人立の認定こども園が多く、保育所から移行した認定こども園が多いことがわかる。また、人口減少地域においては、もともと幼稚園が未設置の市町村も少なからずあった。

　これまでの法制度においては、就学前の教育施設は幼稚園しかなかったため、日本全国どこで生まれても幼児期の教育が保障されているわけではなかった。ただし、現実には従来か

ら保育所が幼児教育のニーズを引き受けてきたこともあり、今後はこれらの保育所が幼保連携型になることで学校の位置づけをもち、認定こども園の増加に伴ってすべての子どもが幼児期の教育を受ける機会が保障されることにつながると考える。

　保護者の就労要件等で分断することなく、すべての子どもを受け入れて教育・保育を提供できるのが認定こども園であり、後述の「こどもまんなか社会」にとって必要不可欠な施設であるといえる。ところが近年、認定こども園への移行や新設の増加が一時期より少なくなっている。これは、就学前児童の減少とともに待機児童数が減り、供給不足が解消されてきた自治体が徐々に認定こども園の認可や移行を抑制しているのではないかとも推察される。

　就学前の教育・保育施設のなかで、地域の子育て支援が義務となっているのは認定こども園のみ（幼稚園、保育所は努力義務）であり、今後すべての子どもの最善の利益を考えていくにあたっては、子育て支援が義務になっている認定こども園の存在が不可欠である。よって、需要と供給のバランスがとれている自治体においても、需給調整の特例の趣旨を踏まえて、認定こども園への移行は引き続き認めていくことが期待される。

# 第2節 こども家庭庁の誕生

## 1 「こどもまんなか社会」に向けて

「こども政策の新たな推進体制に関する基本方針」（2021（令和3）年12月21日閣議決定）に基づき、「こどもまんなか社会」の実現に向けて、「こども家庭庁設置法」および「こども家庭庁設置法の施行に伴う関係法律の整備に関する法律」が2022（令和4）年6月15日に成立し、2023（令和5）年4月から「こども家庭庁」が誕生した。

常に子どもの最善の利益を第一に考え、子どもに関する取り組み・政策を社会のまんなかにおくことを目的とし、子どもの視点で子どもの権利を保障することや、子どもを取り巻くあらゆる環境を視野に子どもの健やかな成長を社会全体で後押しすることを目的にできた官庁である。

基本姿勢としては、①子どもの視点、子育て当事者の視点を政策に反映すること、②現場のニーズを踏まえた地方自治体との連携強化、③NPOをはじめとする市民社会との積極的な対話・連携・協働とされている。

今回のこども家庭庁の設置により、「こどもまんなか社会」の実現に向けて専一に取り組む行政組織と専任の大臣ができたことになる。これまで、内閣府子ども・子育て本部、文部科学省、厚生労働省と3府省で担われてきた就学前のすべての子どもの育ちに関する司令塔機能を、こども家庭庁に一本化することによって縦割り行政の弊害をなくし、各省大臣に対する勧告権等を有するなど、これまでにない強い司令塔機能にするとしている。

ただし、幼稚園・幼児教育に関する所管については、「子どもにとって必要不可欠な教育は文部科学省下で充実」とされたことから、引き続き所管が文科省に残されることになった。その結果、認定こども園全体の所管は類型の違いにかかわらずこども家庭庁となるものの、幼稚園型については引き続き幼稚園という学校に関する部分が文科省の所管ということになり、やや課題の残るスタートとなった（詳細組織図については3章86頁参照）。

## 2 こども家庭庁が設置する審議会、分科会

こども家庭庁には、子どもに関わる様々な施策等を検討、実施するため、関係法令に基づいて各種会議や審議会を設置することになっている。主たる会議体は2つあり、ひとつはこども基本法に基づく「こども政策推進会議」。これは内閣総理大臣を長とする閣僚会議であり、同会議はこども大綱の案を作成し、こども施策の実施を推進する政府全体の司令塔の役割を果たす目的をもつ。

もうひとつは、「こども家庭審議会」である。こども家庭庁設置法に根拠を置き、「こども家庭審議会」は内閣総理大臣またはこども家庭庁長官の諮問に応じて、子ども・子育て支援法の施行に関する重要事項や、子ども、子どものある家庭および妊産婦その他母性の福祉の増進に関する重要事項、子どもおよび妊産婦その他母性の保健の向上に関する重要事項、子どもの権利利益の擁護に関する重要事項を調査審議することや、関係法律の規定によりその権限に属された事項を処理する。

　これらの諮問をより詳細に審議、答申するために、こども家庭審議会には3つの分科会や8つの部会が設置された。その一部は、前年度までの内閣府子ども・子育て本部に設置されていた会議を継承している。

　主な会議体は以下のとおり。

① 子ども・子育て支援等分科会

　子ども・子育て支援法の基本指針に関する事項、給付費や施設等の各種基準、公定価格に関する事項等について審議を行う。

・子ども・子育て支援等に関する企画委員会

② 児童福祉文化分科会

　児童福祉法に基づく児童福祉文化財の推薦等に関する審議を行う。

・出版物委員会

・舞台芸術委員会

・映像・メディア等委員会

③ 成育医療等分科会

　成育医療等の提供に関する施策の総合的な推進に関する基本的な方針に関する議論を行う。

④ 基本政策部会

　こども大綱の案の策定に向けた検討および同大綱に基づく施策の実施状況の検証・評価、子どもの意見の政策への反映に係る仕組みづくり・環境整備に関する調査審議、児童の権利に関する条約に係る取り組みに関する調査審議（児童の権利委員会の総括所見の国内施策への適切な反映等）、その他子どもが自立した個人としてひとしく健やかに成長することのできる社会の実現に向けた基本的な政策に関する重要事項の調査審議を行う。

・こども・若者参画及び意見反映専門委員会

⑤ 幼児期までのこどもの育ち部会

　幼児期までの子どもの育ちに係る基本的な指針（仮称）の策定に関する事項、保育所保育指針、認定こども園教育・保育要領に関する事項、その他、子どもの育ちのサービスに関する調査審議等（子どもの預かりサービスの在り方に関する議論を含む）の調査審議を行う。

・保育士資格等に関する専門委員会

・こどもの預かりサービスの在り方に関する専門委員会

⑥ こどもの居場所部会

子どもの居場所づくりに関する指針（仮称）に関する調査審議、放課後児童施策に係る調査審議、遊びのプログラム等に関する調査審議を行う。

・児童厚生施設及び放課後児童クラブに関する専門委員会

⑦　科学技術部会

NIPT等の出生前検査や科学研究事業（こども家庭科学研究、AMED研究）、ヒト受精胚を用いる生殖補助医療研究等について調査審議を行う。

・ヒト受精胚を用いる生殖補助医療研究等に関する専門委員会

・NIPT等の出生前検査に関する専門委員会

⑧　社会的養育・家庭支援部会

社会的養育に関する事項の審議、施設入所児童の権利擁護の向上、適切な処遇支援の実施に関する調査審議、児童買春、児童ポルノに係る行為等の規制および処罰ならびに児童の保護等に関する法律に基づく児童買春・児童ポルノ被害児童の保護施策に関する検証・評価等を行う。

・国立児童自立支援施設における児童の処遇に関する専門委員会

⑨　児童虐待防止対策部会

児童虐待防止対策に関する調査審議、児童虐待による死亡事例等の検証等、その他虐待防止対策全般に関する調査審議を行う。

・児童虐待等要保護事例の検証に関する専門委員会

⑩　障害児支援部会

障がい児支援に関する調査審議を行う。

⑪　こどもの貧困対策・ひとり親家庭支援部会

子どもの貧困対策に係る施策に関する事項の調査審議、ひとり親支援施策に関する事項の調査審議を行う。

認定こども園に直接的に関与する会議としては、各種基準や公定価格等の審議をする子ども・子育て支援等分科会、こども大綱の策定に向けた検討・検証をする基本政策部会、幼児期までの子どもの育ちに係る基本的な指針（仮称）の策定や保育所保育指針、認定こども園教育・保育要領、保育士資格に関する事項を検討する幼児期までのこどもの育ち部会などがある。

なかでも、子ども・子育て支援制度における公定価格は、おおむね5年に1回程度の見直しが行われることになっているが、施設型給付や地域型保育給付といった公定価格の改善については、「費用の使途の見える化を進め、保育人材確保、待機児童解消その他関連する施策との関係を整理しつつ、取組を進める」として「こども未来戦略」にもあるように、1歳児と4・5歳児の職員配置基準の改善や、保育士等のさらなる処遇改善を検討するとの考えを示している。

「費用の使途の見える化」については、「子ども・子育て支援制度における継続的な見える化に関する有識者会議」や「子ども・子育て支援制度における継続的な見える化に関する専門家会議」で検討が重ねられており、見える化によって一層の処遇改善につなげるととも

に、国民や関係者に透明性をもって説明責任を果たすことや、保育者の資質向上・保育の質の向上、さらには教育・保育施設等の運営努力なども見える化できないかが検討課題とされている。

# 第3節 こども家庭政策に関する国の動向

　2023（令和5）年年頭に岸田首相が唱えた「次元の異なる少子化対策」に向けて、政府は次のような取り組みを強化し、少子化対策のラストチャンスとして集中的に取り組む姿勢を示している。

## 1　こども未来戦略

　2022（令和4）年の出生数は約77万人、合計特殊出生率は1.26と、いずれも過去最低を記録している。これまでの少子化の流れに加えて、新型コロナウイルス感染症拡大の影響が相まって、少子化が一気に加速している。このままでは人口減少とともに、労働力不足による経済成長の減速、社会保障制度における現役世代の負担増、人口減少地域を中心としたコミュニティの崩壊など、日本の経済・社会システムを今のままで維持していくことは難しくなることが予想される。

　そこで政府は、2030（令和12）年までに現在の少子化のトレンドを反転させるべく、内閣総理大臣を議長とするこども未来戦略会議を設置し、これまでとは次元の異なる少子化対策として「こども未来戦略」を2023（令和5）年12月22日に閣議決定した。

　1990（平成2）年の「1.57ショック」以降、少子化問題が政策課題として認識され、エンゼルプランや緊急保育対策等5か年事業などによって、保育の量的拡大、長時間保育、乳児保育の充実が進められるとともに、少子化社会対策大綱、次世代育成支援対策推進法により育児休業制度等を拡充し、育児と仕事の両立ができるワークライフバランスを求めてきたが、いまだに少子化傾向の波は止められていない現状がある。

　国の調査では、少子化の背景には若い世代の未婚化・晩婚化が進んでいることが挙げられている。日本では、結婚してから出産をするという過程を経る人が多いため（婚外子が少ないため）、未婚化や晩婚化が進むと必然的に出生率が下がる。国立社会保障・人口問題研究所の「人口統計資料集」からも、初婚年齢の上昇や生涯未婚率が増えていることが読み取れる。また、「出生動向基本調査」（2021（令和3）年）による若い世代の結婚意識についても、「いずれ結婚するつもり」と考えているものの、近年「一生結婚するつもりはない」とする人の割合が増えている。さらに、未婚者の希望する子ども数については、男性が1.82人、女性が1.79人と特に女性で大きく減少し、2人を下回っている。これは夫婦の平均理想子ども数（2.25人）と比べても低い。

　今回の調査に限らず、未婚化・晩婚化のトレンドについては少し前から同じ傾向であることが2009（平成21）年度の調査でもみられ、未婚者の結婚を望まない、もしくは結婚できな

いとする理由として、男女ともに「適当な相手にめぐり合わないから」が多く、次いで女性は「自由や気楽さを失いたくない」や「必要性を感じない」といったライフスタイルの理由が上位を占めるのに対し、男性は「結婚後の生活資金が足りないから」や「結婚資金が足りないから」という経済的理由を挙げている。

　また、男性の雇用形態や年収によって有配偶率に顕著な差がみられ、非正規雇用に象徴される不安定な収入や雇用環境が未婚化や晩婚化に拍車をかけていると思われる。

　結婚していない理由として「適当な相手にめぐり合わない」を挙げた回答者が、どんな対策が結婚を希望する未婚者のために重要だと考えているかという問いに対して、「雇用対策をもって、安定した雇用機会を提供する」が多く挙げられている。次いで、男性では「賃金を上げて、安定した家計を営めるよう支援する」と「夫婦がともに働き続けられるような職場環境の充実」が多く、女性では「夫婦がともに働き続けられるような職場環境の充実」が望まれていることがわかる。子育てについても「自分がこれから先、子どもの生活を保障できるほどお金を稼げる自信がない」、「コロナ禍で突然仕事がなくなったり、解雇されたりすることへの不安が強くなった」などの将来の経済的な不安を吐露する意見も挙げられている。

　このように経済的な所得の不安定さや雇用の不安から若い世代が結婚や子どもを生み育てることへの希望をもちながらも、将来展望を描けずにいることがわかる。こども未来戦略では、次元の異なる少子化対策として「若い世代の所得を増やす」「社会全体の構造・意識を変える」「全てのこども・子育て世帯を切れ目なく支援する」という３つを基本理念に掲げ、「こども・子育て支援加速化プラン」のなかで示されているこども・子育て政策の強化を早急に実現し、持続していくことが必要だとしている。そのため今後３年間を集中取り組み期間とし、できる限り施策を前倒しして実施していくとしている。

　「若い世代の所得を増やす」ための施策について、戦略は「成長と分配の好循環」と「賃金と物価の好循環」という「２つの好循環」の実現を目指すとしているが、現実には具体的な内容が提示されているわけではなく、課題解決への実現可能性が見えない。これは、従来の少子化対策を超えた経済政策や労働（雇用）政策まで視野に入れた課題であり、まさに国家戦略としての大胆な方策と覚悟が求められる。しかし、それをうかがわせるものが何もないのが実情である。

　同様に、戦略に盛り込まれた次の見解についても、そのとおりではあるが、これらを実現するための効果的かつ具体的な施策はほとんど示されていない。

①　リ・スキリングによる能力向上支援、個々の企業の実態に応じた職務給の導入、成長分野への労働移動の円滑化という三位一体の労働市場改革を加速する。

②　男女ともに働きやすい環境の整備、「同一労働同一賃金」の徹底と必要な制度見直しの検討、希望する非正規雇用の方々の正規化を進める。

③　地方において若い女性が活躍できる環境を整備することが必要であり、地方における分厚い中間層の形成に向けて、国内投資の拡大を含め、持続的に若い世代の所得が向上し、未来に希望を感じられるような魅力的な仕事を創っていくための取り組みを支援してい

く。

　若い世代の賃金に関しては、名目賃金こそ上がってきているが、消費者物価上昇率がそれを上回っており、実質賃金は下がり続けているのが実情だ。それに加えて、若い世代の非正規化が所得の低下と雇用の不安定化に拍車をかけている。戦略は、「非正規雇用の正規化」や「同一労働同一賃金の徹底」を掲げてはいるが、その具体的方策には何も触れていない。

　「こども・子育て支援加速化プラン」の実施によって、我が国の子ども1人当たりの家族関係支出でみると、「OECDトップ水準のスウェーデンに達する水準となり、画期的に前進する」としているが、問題は金額だけでなくその中身である。「こども・子育て予算倍増に向けては、『こども・子育て支援加速化プラン』の効果の検証」を行うことを謳っている。しかし、幼児教育・保育の無償化に関する効果の検証さえ十分にできていないのに、児童手当を含む多種多様な施策の効果の検証ができるのかどうか疑問の残るところである。

　これに関して、こども家庭庁では、「こども施策におけるEBPMの推進」を掲げ、「エビデンスに基づき多面的に施策を立案し、評価し、改善していく」というEBPM（Evidence Based Policy Making）を重視する考えを明らかにしている。けれども、児童手当の大幅な拡充が、エビデンスに基づいて取り組まれるものかどうか、費用対効果はどうなのかといったことについて、具体的なことは何も触れられていない。

## 2　こども・子育て支援加速化プラン

　2023（令和5）年12月に閣議決定されたこども未来戦略では、「2030年代に入ると、我が国の若年人口は現在の倍速で急減することになり、少子化はもはや歯止めの利かない状況になる」との危機感から、「若年人口が急減する2030年代に入るまでが、少子化傾向を反転できるかどうかのラストチャンス」としている。

　そこで、今後3年間に集中して取り組む「こども・子育て支援加速化プラン」（以下、「加速化プラン」）が策定され、内容としては①ライフステージを通じた子育てに係る経済的支援の強化や若い世代の所得向上に向けた取り組み、②すべてのこども・子育て世帯を対象とする支援の拡充、③共働き・共育ての推進、④こども・子育てにやさしい社会づくりのための意識改革という4つの柱から構成されている。

### ⑴ 「こども・子育て支援加速化プラン」の柱―①

　加速化プランの4つの柱の1つ目、ライフステージを通じた子育てに係る経済的支援の強化や若い世代の所得向上に向けた取り組みでは、児童手当の拡充をはじめ、出産等の経済的負担の軽減や医療費等の負担軽減、高等教育費の負担軽減といった子育て家庭の経済的な負担の軽減を掲げている。また、個人の主体的なリ・スキリングへの直接支援ということで、若い世代の学び直しの支援を行うための個人給付や教育訓練給付などの拡充を図るほか、いわゆる「年収の壁（106万円／130万円）」への対応として、社会保険の扶養から外れる106

万円や130万円という年収の壁を意識せずに働くことのできる環境づくりや制度の見直し、さらには子育て世帯に対する住宅支援の強化にも取り組む考えが示されている。

① 児童手当の拡充

所得制限を撤廃するとともに、高校生の年代まで支給期間を3年延長し、第3子以降は1.5万円から3万円に倍増。

② 出産等の経済的負担の軽減

42万円の出産育児一時金を50万円に大幅に引き上げ。2026（令和8）年度からの出産費用の保険適用などを進める。

③ 医療費等の負担軽減

こども医療費助成について、国民健康保険の国庫負担減額調整を廃止。

④ 高等教育費の負担軽減

授業料減免の対象を年収600万円までの多子世帯等に拡大するとともに、更なる支援拡充を加速化プランに前倒しして実施。

⑤ 個人の主体的なリ・スキリングへの直接支援

在職者個人が主体的に学び直しができるように支援。訓練期間中の生活費の給付や融資制度の創設を検討。

⑥ 「年収の壁（106万円／130万円）」への対応

最低賃金を引き上げると同時に、それによって就労可能時間が短くなるなど、共働き世帯の課題を解決するため、「106万円の壁」を超えても手取り収入が逆転しないよう必要な費用を補助等。

⑦ 子育て世帯に対する住宅支援の強化

理想の子ども数をもてない理由に「家が狭いから」とあることから、公的賃貸住宅等に子育て世帯等が優先的に入居できる仕組みや空き家活用、金利優遇等の措置を充実させる。

### (2)「こども・子育て支援加速化プラン」の柱—②

2本目の柱である、すべてのこども・子育て世帯を対象とする支援の拡充については、伴走型支援や産前・産後ケアの拡充など妊娠期からの切れ目ない支援の拡充や、幼児教育・保育の質の向上、すべての子育て家庭を対象とした保育の拡充（「こども誰でも通園制度（仮称）」の創設）、新・放課後子ども総合プランの着実な実施、社会的養護・ヤングケアラー・障がい児・医療的ケア児等の支援やひとり親家庭の自立支援といった多様な支援ニーズへの対応などを挙げている。

そのなかでも、すべての子育て家庭を対象とした保育の拡充については「現行の幼児教育・保育給付に加え、就労要件を問わず時間単位等で柔軟に利用できる新たな通園給付の創設を検討する」として、「当面は、未就園児のモデル事業の拡充を行いつつ、基盤整備を進める」ことが示された。補助金ではなく新たな給付による仕組みにするということは、当然、恒久的な取り組みとして安定的・継続的に進めていくということになり、実施主体の市

町村にとっては利用者の権利に応諾するだけの整備を行う義務が発生することになる。

「現行の幼児教育・保育給付」は、認定こども園や保育所、幼稚園に支給する施設型給付と、小規模保育施設等に支給する地域型保育給付、子ども・子育て支援制度外の私立幼稚園や認可外保育施設等の利用者の保育料を無償化するために創設された子育てのための施設等利用給付（施設等利用費）があるが、これらは保育を必要とする子どもと幼児教育を必要とする3歳以上児に限定した給付ということになる。今回ここに、保育を必要としない3歳未満児への新たな給付が創設され、すべての子育て家庭が何らかの保育や支援を受けることができるようになる。

① 妊娠期からの切れ目ない支援の拡充

　　伴走型支援と産前・産後ケアの拡充。

② 幼児教育・保育の質の向上

　　社会保障と税の一体改革で積み残された職員配置基準の改善（1歳児6：1→5：1、4・5歳児30：1→25：1）、保育士等の更なる処遇改善。

③ すべての子育て家庭を対象とした保育の拡充

　　保育を必要としない3歳未満児を対象に「こども誰でも通園制度（仮称）」の創設。

④ 新・放課後子ども総合プランの着実な実施

　　放課後児童クラブの待機児童解消に向け、受け皿の拡大。

⑤ 多様な支援ニーズへの対応

　　社会的養護、障がい児、医療的ケア児等の支援基盤の充実やひとり親家庭の自立支援。ヤングケアラー支援やインクルーシブ保育についても推進する。

### (3)「こども・子育て支援加速化プラン」の柱—③

　　3本目の柱である共働き・共育ての推進では、男性育休の取得促進や育児期を通じた柔軟な働き方の推進、多様な働き方と子育ての両立支援といった政策に取り組む。職場が思い切って変わっていくように育休取得率目標を大幅に引き上げて、育休が当たり前になるようにする。

① 男性育休の取得促進

　　育休取得率の目標を引き上げるとともに、育休取得時の給付を現行より引き上げ休業時の手取り所得が減らないようにする。

② 育児期を通じた柔軟な働き方の推進

　　子どもが3歳になるまで、テレワークを選択できるように事業主に努力義務の追加や3歳以降小学校就学前までの間は働き方を選べる「親と子のための選べる働き方制度（仮称）」を創設する。

③ 多様な働き方と子育ての両立支援

　　週20時間未満のパート労働者への雇用保険の適用拡大にむけて法を整備する。

### ⑷「こども・子育て支援加速化プラン」の柱―④

　最後の柱であるこども・子育てにやさしい社会づくりのための意識改革に関しては、「地域社会、企業など様々な場で、年齢、性別を問わず、すべての人が子どもや子育て中の方々を応援するといった社会全体の意識改革を進める必要がある」としており、少子化の危機的な状況、子どもを取り巻く状況や子育て世帯の負担がいかに大きなものかということを理解してもらうことによって、周囲の協力が得られるよう啓発を行うとしている。

### ⑸ 子育て支援の財源

　前述の加速化プランを推進していくには新たに3.6兆円という大きな財源が必要となる。財務省の財政制度等審議会は、これまで財政規律を維持するためにも歳出減を念頭に議論を行ってきたが、少子化の進行が社会経済のあらゆる分野にダメージを及ぼすことから、少子化対策の観点から制度横断的に政策を強化していくことが必要との見解を示した。

　こども家庭庁の下にこども・子育て支援のための新たな特別会計（こども金庫）を創設し、既存の特別会計事業を統合して費用負担の見える化を行うとしている。また、歳出改革等によって得られる公費の節減効果と社会保険負担軽減の効果を活用しながら、実質的に負担を増やさないことを目指すこととし、消費税等の増税では賄わないこととされた。

　同時に、企業を含む社会経済の参加者全員が広く負担する新たな「こども・子育て支援金制度」を構築するが、安定財源を確保するまでの間はこども特例公債を発行して財源不足にならないようにすることとしている。加速化プランの財源を確保し推進することにより、OECDにおいてトップ水準の子ども関係予算となると予測されるだけに、少子化の流れが逆転する効果を期待したい。

　なお、「こども未来戦略方針」の時点では「支援金制度（仮称）」については、次のような説明がなされていた。

・現行制度において育児休業給付や児童手当等は社会保険料や子ども・子育て拠出金を財源の一部としていることを踏まえ、公費と併せ、「加速化プラン」における関連する給付の政策強化を可能とする水準とすること。

・労使を含めた国民各層および公費で負担することとし、その賦課・徴収方法については、賦課上限の在り方や賦課対象、低所得者に対する配慮措置を含め、負担能力に応じた公平な負担とすることを検討し、全世代型で子育て世帯を支える観点から、賦課対象者の広さを考慮しつつ社会保険の賦課・徴収ルートを活用すること。

　その財源については具体的に触れていなかったが、歳出改革等によって得られる公費の節減効果と社会保険負担軽減の効果を活用しながら、実質的に負担を増やさないことを目指すとされており、医療保険（健康保険など）を使って社会保険料からの徴収を視野に入れているのではないかと考えられる。閣議決定後の「こども未来戦略」（2023（令和5）年12月22日閣議決定）には医療保険についての記述もみられる。これであれば、労使折半の負担となり、「労使を含めた国民各層及び公費で負担する」ことになる。

　しかし、「こども・子育て支援金制度」の財源確保のために社会保険料を増額すれば、国

民の負担も（企業負担も）増えることになる。社会保険料の増額は税ではなくとも国民負担の増加につながることに変わりはない。逆に、社会保険料を増額せずに対応するとすれば、本来の社会保険が担うべき分野の支出削減は避けられず、医療などの社会保障に歪みを生じさせることになりかねない。

　これに関して戦略は、「2030年代に入るまでの少子化対策のラストチャンスを逃さないよう、徹底した歳出改革等や構造的賃上げ・投資促進の取組を複数年にわたって先行させつつ、『加速化プラン』の大宗を3年間（2026年度まで）で実施し、『加速化プラン』の実施が完了する2028年度までに安定財源を確保する」としている。

　戦略は、「2030年までに少子化トレンドを反転できなければ、我が国は、こうした人口減少を食い止められなくなり、持続的な経済成長の達成も困難となる」と危機感を表しているが、「若い世代の誰もが、結婚や、こどもを生み、育てたいとの希望がかなえられるよう、将来に明るい希望をもてる社会を作らない限り、少子化トレンドの反転はかなわない」だけに、その実効性が問われる。

# 第4節 こども基本法

　2023（令和5）年4月に施行されたこども基本法は、日本国憲法、児童の権利に関する条約（子どもの権利条約）の精神に基づき、こどもを権利の主体として位置づけている。すべてのこどもや若者が将来にわたって幸せな生活ができる社会を実現するために、こども政策を総合的に推進することを目的として、こども家庭庁の設置と同時に施行された。

　前述のように、これまで国は、子どもに関する施策の充実に取り組んできたが、少子化の進行や人口減少に依然として歯止めがかかっていない。一方、新型コロナウイルス感染症拡大の影響もあり、児童虐待相談や不登校の件数が過去最多になるなど、子どもを取り巻く状況はますます深刻になっている。このため、こども家庭庁の設置と相まって、国や地方自治体において進められてきた、子どもに関する様々な施策を講ずるに当たって、こども基本法が共通の基盤となることが期待される。

　こども基本法のなかにおいて、次の6点が基本理念に挙げられている。
① 　すべてのこどもについて、個人として尊重されること、基本的人権が保障されること、差別的取り扱いを受けることがないようにすること
② 　すべてのこどもについて、適切に養育されること、その生活を保障されること、愛され保護されること、その健やかな成長および発達ならびにその自立が図られることその他の福祉に係る権利が等しく保障されるとともに、教育基本法の精神に則り教育を受ける機会が等しく与えられること
③ 　すべてのこどもについて、年齢および発達の程度に応じて、自己に直接関係するすべての事項に関して意見を表明する機会および多様な社会的活動に参画する機会が確保されること
④ 　すべてのこどもについて、その年齢および発達の程度に応じて、その意見が尊重され、最善の利益が優先して考慮されること
⑤ 　こどもの養育については、家庭を基本として行われ、父母その他の保護者が第一義的責任を有するとの認識の下、これらの者に対してこどもの養育に関し十分な支援を行うとともに、家庭での養育が困難なこどもにはできる限り家庭と同様の養育環境を確保することにより、こどもが心身ともに健やかに育成されるようにすること
⑥ 　家庭や子育てに夢をもち、子育てに伴う喜びを実感できる社会環境を整備すること
　こども基本法では、心身の発達の過程にある者を「こども」と定義しており、年齢ではない多様な捉え方を可能としている。
　そして、同法にいう「こども施策」は、①新生児期、乳幼児期、学童期および思春期の各

段階を経て、おとなになるまでの心身の発達の過程を通じて切れ目なく行われるこどもの健やかな成長に対する支援、②子育てに伴う喜びを実感できる社会の実現に資するため、就労、結婚、妊娠、出産、育児等の各段階に応じて行われる支援、③家庭における養育環境その他のこどもの養育環境の整備という3つが中心となる。

同法に盛り込まれた具体的な取り組みとしては、少子化社会対策基本法、子ども・若者育成支援推進法、子どもの貧困対策の推進に関する法律に規定される事項を統合する形で、これまで内閣府で担ってきた3つの白書と大綱を一元的につくることになる。それが、こども白書とこども大綱になる。

こども白書とはこども基本法上「我が国におけるこどもをめぐる状況及び政府が講じたこども施策の実施の状況に関する報告」を意味し、毎年国会に提出するとともに公表することが求められている。

一方、こども大綱については、こども家庭庁に内閣総理大臣を会長とする「こども政策推進会議」を設置して、こども大綱の案を作成するなど、こども政策推進会議がこども施策の実施を推進する政府全体の司令塔の役割を果たすことになる。推進会議では、こども大綱を着実に進めていくため、数値目標と指標を踏まえた施策の具体的な内容を盛り込んだ「こどもまんなか実行計画」を作成し、同会議で毎年改定される予定である。

なお、この会議はこども大綱の案の作成に当たり、こども、子育て当事者、学識経験者、地域においてこどもに関する支援を行う民間団体等の幅広い関係者の意見を反映させるために必要な措置を講ずることとされている。

# 第5節 幼児期までのこどもの育ちに係る基本的なビジョン

　こども家庭審議会において、内閣総理大臣からの諮問を受け「幼児期までのこどもの育ち」について着目し、すべての人と共有したい理念や基本的な考え方を「幼児期までのこどもの育ち部会」で整理し、2023（令和5）年12月に答申がとりまとめられた。この答申を踏まえ、今後、社会全体の認識共有を図りつつ、政府全体の取り組みを強力に推進するための羅針盤として、「幼児期までのこどもの育ちに係る基本的なビジョン──はじめの100か月の育ちビジョン」が閣議決定された。

　子どもは、生まれながらにして権利の主体であり、その固有の権利が保障されなければならない。そのなかで、子どもの育ちの基盤を形づくる乳幼児期の育ちを、子どもの誕生前から、子どもと日常的には関わる機会がない人も含むすべての人と保障していくには、すべての人でともに目指したい目的や理念、すべての人の取り組みの土台となる基本的な考え方を共有していくことが欠かせない。

　こども基本法の目的・理念に則り、子どもの心身の状況や置かれている環境等にかかわらず、子どもの誕生前から幼児期までを通じて切れ目なく、子どもの心身の健やかな育ちを保障し、子どもの育ちを支える社会（環境）を構築するために、すべての人で共有したい基本的な考え方と、その取り組みのビジョン（指針）を示すことで、こども基本法の目指す次代の社会を担うすべての子どもが、その権利を守られ将来にわたってウェルビーイングな生活を送ることができる社会の実現を目的として策定されたものである。

　ここでいう「ウェルビーイング」とはバイオサイコソーシャルの観点（健康状態などの身体的要素や心理状態や意欲、満足度といった精神的要素、家族や取り巻く環境といった社会的要素が互いに影響しているという考え方）からみて良い状態にあるという包括的な幸福として、短期的な幸福のみならず、生きがいや人生の意義など生涯にわたる持続的な幸福を含むものを指しており、このようなウェルビーイングの向上を、権利行使の主体としてのこども自身が、主体的に実現していく視点が重要だとしている。

## 1　幼児期までのこどもの育ちの5つのビジョン

　5つのビジョンは「幼児期までのこどもの育ちに係る基本的なビジョン」（以下、「育ちのビジョン」）の柱として、子育て当事者の立場からの知見や脳科学、小児科学、発達心理学といった科学的知見、これまでの幼児教育や保育の実践に基づく理論をもとに「こどもの育ち」そのものを議論し、身体的・精神的・社会的ウェルビーイングを踏まえて整理したものである。「幼児期までのこどもの育ち部会」では社会的状況を考慮し当面の方向性としてす

べての人と共有したい視点としている。

① こどもの権利と尊厳を守る

② 「安心と挑戦の循環」を通してこどものウェルビーイングを高める

　　1　育ちの鍵となる「安心と挑戦の循環」

　　2　幼児期までのこどもの育ちに必要な「アタッチメント（愛着）」の形成

　　3　幼児期までのこどもの育ちに必要な豊かな「遊びと体験」

③ 「こどもの誕生前」から切れ目なく育ちを支える

④ 保護者・養育者のウェルビーイングと成長の支援・応援をする

⑤ こどもの育ちを支える環境や社会の厚みを増す

　「育ちのビジョン」は、生涯にわたるウェルビーイング向上のために、「こどもの誕生前から幼児期まで」をすべての人で支えていく必要があることについて、基本的な考え方を整理したものである。子どもの育ちに係る質の保障と、その質の向上が重要であり、子どもの心身の状況や置かれた環境等に十分配慮しつつ、乳幼児のウェルビーイング向上を支える観点や、すべての人と乳幼児の育ちに関する考え方を共有すること自体が大切な観点とされている。乳幼児の権利や尊厳についてこども基本法では、児童の権利に関する条約のいわゆる4原則、「差別の禁止」「生命、生存及び発達に対する権利」「児童の意見の尊重」「児童の最善の利益」を踏まえて、こども施策に関する基本理念等が定められた。

　「こどもの誕生前から幼児期まで」の子どもの育ちに係る質の保障と質の向上は、権利主体としての乳幼児の権利を守る観点に立ち返り、こども基本法に則り、子どもの権利に基づき保障していくことである。「こどもの誕生前から幼児期までの育ち」の特徴は、「アタッチメント（愛着）」の形成と豊かな「遊びと体験」が重要とされる。これらが生涯にわたるウェルビーイング向上の土台をつくる。乳幼児期の安定した「アタッチメント（愛着）」が、自分自身や周囲の人、社会への安心感をもたらすことにつながり、その安心感の下で、子どもは「遊びと体験」等を通して外の世界への挑戦を重ね、世界を広げていくことができる。その過程をおとなが見守り子どもの挑戦したい気持ちを受け止め、子どもが夢中になって遊ぶことを通して自己肯定感等が育まれていくこのような「安心と挑戦の循環」が、子どもの将来の自立に向けても重要な経験である。

　また、子どもの育ちは、連続性と多様性が基本であり、乳幼児期はこれらを重視して育ちを支えることが特に重要である。一方、誕生前後、就園前後、小学校就学前後等の年齢に応じて環境（社会）の面が大きく変わる節目が存在するが、子どもの育ちの大きな「切れ目」にならないように、子どもの発達の過程や連続性に留意して、ウェルビーイング向上に必要な環境（社会）を切れ目なく構築していくことが重要である。

## 2　すべての人とビジョンを共有する

　子どもの育ちの質には、保護者・養育者や、子どもに関わる専門職のみならず、すべての

人が、それぞれの立場で直接的・間接的に影響していることを考えると、保護者・養育者の働き方も含めた社会の仕組みづくり、子どもとおとなが交流する機会の創出や子どもの育ちに関する分かりやすい情報の発信を通じて、人々の認識に影響を与え得る立場にある。このため、これらの人との間でも、ビジョンを共有していくことが子どもの育ちにとって大切である。

## 「育ちのビジョン」の実現に向けた社会全体のすべての人の役割

① こども施策の推進主体

国や地方公共団体は、連携しながら、それぞれの立場で「こどもの誕生前から幼児期までの育ち」を支えるすべての人を支援することにおいて、こども施策を強力に推進する役割が求められる。

家庭や子育てに夢をもち、子育てに伴う喜びを実感できる社会環境を整備するなど、こども基本法の理念に則ってこども施策を策定し、実施する重要な役割を持つ。

② こどもの育ちの環境に影響を与えるすべての人

メディア等を含め、施策や文化に影響を与える主体は、育ちのビジョンを参考にして、子どもの育ちについての関心と理解を深めるように努め、それぞれの立場から「こどもの誕生前から幼児期までの育ち」を支える社会全体の施策や文化をつくっていくことが求められる。

③ 直接こどもの育ちに関わる人

保護者・養育者は、子どもの養育について不可欠な役割を有する者であるとの認識の下、「こどもの誕生前から幼児期までの育ち」についての関心と理解を深めるように努め、主体的に社会の支援・応援にアクセスしながら、子どもを養育することが求められる。ただし、保護者・養育者が子育ての様々な状況を社会と安心して共有でき、社会に十分支えられていることが重要である。

子育てを支える専門的な立場で関わる人として保育者などは、子どもの「アタッチメント（愛着）」の対象ともなるなど、日常的で密な関わりをもつことができ、子どもの育ちの質を考えるうえで特別な存在である。また、医師、歯科医師、薬剤師、保健師、助産師、看護師、管理栄養士、歯科衛生士等の医療関係者、カウンセラーやソーシャルワーカー等の心理や福祉の専門職、民生委員・児童委員等の地域の支援者など、職務のなかで子どもの育ちに関わる人も、こども基本法に則った育ちのビジョンを踏まえ、乳幼児の育ちについての関心と理解を深めるように努めることが求められている。

また、推進の担い手として、親族、保護者・養育者の知人・友人、近所や商店の人など、保護者・養育者や専門職以外の様々な立場で子どもの育ちに関わる人も、育ちのビジョンを参考に、子どもの育ちについての関心と理解を深めるように努めるなど、乳幼児の育ちの支え手としての役割が求められている。

# 第6節 こども大綱の策定

　こども基本法において、政府は、こども政策を総合的に推進するため、政府全体のこども施策の基本的な方針等を定める「こども大綱」を策定することとされている。この「こども大綱」は、従来の少子化社会対策大綱や子供・若者育成支援推進大綱、子供の貧困対策に関する大綱という3つの大綱を1つに束ね、今後5年程度を見据えた幅広いこども施策に関する中長期の基本的な方針や重要事項を一元的に定める大綱とされている。

　こども大綱の対象となる「こども施策」は、子どもの健やかな成長や結婚・妊娠・出産・子育てに対する支援を目的とする施策のみではなく、子どもや子育て家庭に関する施策、例えば、若者に係る施策や教育施策・雇用施策・医療施策・福祉施策など幅広い施策が含まれる。

## 1　こども大綱がめざすもの

　こども大綱の守備範囲は広く、乳幼児期の子どもから子供・若者育成支援推進法が想定する30歳（施策によっては40歳）までを想定しているが、大綱に盛り込まれた「ライフステージ別の重要事項」のなかで、「こどもの誕生前から幼児期までのこどもの成長の保障と遊びの充実」については、以下のような考えが示されている。

・家庭、幼稚園、保育所、認定こども園、子どもの育ちに関する関係機関、地域を含めた子どもの育ちを支える場を始めとして、社会全体のすべての人と共有したい理念や基本的な考え方を示す羅針盤である「幼児期までのこどもの育ちに係る基本的なビジョン」を策定し、これに基づき、社会の認識の共有を図りつつ、政府全体の取り組みを強力に推進する。

・これにより、子どもの心身の状況や、保護者・養育者の就労・養育状況を含む子どもの置かれた環境等に十分に配慮しつつ、子どもの誕生前から幼児期までの育ちをひとしく、切れ目なく保障する。

・待機児童対策に取り組むとともに、親の就業の状況にかかわらず、特に3歳未満児の子育て当事者が地域のなかで孤立しないよう、認定こども園、保育所、幼稚園、地域子育て支援拠点など地域の身近な場を通じた支援を充実する。

・幼稚園、保育所、認定こども園のいずれにも通っていない子どもの状況を把握し、必要な教育・保育、子育て支援サービス等の利用につなげていく。併せて、病児保育の充実を図る。

・幼児期の教育・保育は、生涯にわたる人格形成の基礎を培う重要なものであることから、

幼稚園、保育所、認定こども園の施設類型を問わず、安全・安心な環境のなかで、幼児教育・保育の質の向上を図ることを通じて、障がいのある子どもや医療的ケア児、外国籍の子どもをはじめ様々な文化を背景にもつ子どもなど特別な配慮を必要とする子どもを含め、一人ひとりの子どもの健やかな成長を支えていく。

・地域や家庭の環境にかかわらず、すべての子どもが、格差なく質の高い学びへ接続できるよう、学びの連続性を踏まえ、幼保小の関係者が連携し、子どもの発達にとって重要な遊びを通した質の高い幼児教育・保育を保障しながら、幼児教育・保育と小学校教育の円滑な接続の改善を図る。

・子どもの育ちそのものと密接不可分な保護者・養育者支援が重要であり、保育士、保育教諭、幼稚園教諭等の人材育成・確保・処遇改善や現場の負担軽減、職員配置基準の改善を進める。


大綱に盛り込まれた各種子ども関連施策を国として推進するため、こども基本法に定められた内閣総理大臣を長とする閣僚会議である「こども政策推進会議」において、具体的に取り組む施策を「こどもまんなか実行計画」として取りまとめる。その実施状況等をこども家庭審議会において検証・評価し、その結果を踏まえて同推進会議で再び「こどもまんなか実行計画」を改定するという PDCA 的な取り組みを行い、おおむね 5 年後を目途にこども大綱が見直される。

一方、地方自治体の場合、都道府県は国の大綱を勘案して都道府県こども計画を作成すること、市町村は国の大綱と都道府県こども計画を勘案して市町村こども計画を作成することが、それぞれ努力義務として求められている。その際、地方版子ども・子育て支援事業計画や他のこども施策に関する関連計画と一体のものとして作成できることとされている。

大綱が2023（令和 5）年12月22日に閣議決定されたことから、多くの地方自治体では、2025（令和 7）年度から地方版こども計画を実施する方向で計画策定に取り組むとみられている。2025年度から地方版こども計画の実施を目指す場合、第 3 期地方版子ども・子育て支援事業計画の策定と時期が重なるため、地方版こども計画と一体化した総合的な計画をつくりやすい反面、策定に係るスケジュールがかなり厳しいものになると考えられる。

また、地方自治体においては、認定こども園と幼稚園、保育所等の所管が別に分かれているところもまだ存在することから、そのような自治体において多岐にわたる計画を 1 つにまとめ、実効性をもたせることは容易なことではない。

## 2　こども施策の共通の基盤となる取り組みとしての EBPM

大綱ではこども施策における EBPM（Evidence Based Policy Making）の浸透に向けた仕組み・体制の整備が明記されている。

EBPM とは、様々なデータや統計を活用するとともに、課題の抽出などの事前の施策立案段階から、施策の効果の事後の点検・評価・公表まで、それぞれの段階でエビデンスに基づ

き多面的に施策を立案、評価、改善していくことである。施策立案にあたっては、実施の専門家である行政職員とデータ利活用等の専門家が協働・対話して進めていくことや、試行錯誤をしながら進めていくこと、定量的なデータに固執し過ぎず定性的なデータも活用することを認識しつつ進めるとされた。

　また、こども施策においては、何をアウトカムとするかが十分に定まっていないものが少なくなく、研究途上ともいえることから、子ども・若者や子育て当事者の視点に立ち、施策の実態を踏まえて、何をアウトカムとすることが適切か、そうしたアウトカムをどのように得ていくのかについても検討していくとされている。

　良質なデータがあってこそ導出されたエビデンスを施策課題等に照らして解釈することが可能となるとの認識の下、政府全体として収集すべきデータを精査し、各府省庁が連携して、子ども・若者や子育て当事者の視点に立った調査研究の充実や必要なデータの整備等を進める。その際、国際機関等のデータとの比較の観点を考慮するとともに、子どもに関する長期的な追跡データや月次データ等の充実、男女別データの把握に努める。子どもに着目したウェルビーイング指標の在り方について検討を進める。こども施策の推進のために創出が必要なエビデンスを洗い出し、子ども・若者や子育て当事者等の視点に立って、優先順位をつけ、エビデンスの構築に取り組む。その際、外部の専門家を活用し、透明性・客観性を高めることとし、子ども・若者や子育て当事者に関する国が行った調査研究等で得られたデータの二次利用を推進するとされた。

　これまで、それぞれの省庁がそれぞれにデータ収集や調査を行うことにより、保育現場においては同じような調査に何度も回答する煩雑さがあった。今回、調査データを他の省庁が二次利用することが推進されることで同じエビデンスに基づく施策の立案や現場の事務負担の軽減も期待したい。

# こどもまんなかに向けた認定こども園の役割と機能

　古くて新しい課題である幼保一体化（あるいは幼保一元化）は、従来からいわれてきた一元化とは違う形で「認定こども園」として実現した。何よりも、「すべての子どもの最善の利益」という理念を掲げ、保護者の就労の有無等にかかわらず幼児教育と保育を一体的に提供できるようになった意義は大きい。

　しかし、古くから存在してきた幼稚園と保育所で培われてきた保育文化や法令、制度、仕組みのなかで、認定こども園の役割に期待し、率先して取り組もうとしてきた多くの人たちにとっては、もどかしく煩雑で険しい道のりであったことは、これまでの歩みや経緯から理解できる。

　それでも「認定こども園」が必要であると考え、事業者が突き進むのは、やはりすべての子どもたちのため、子育てを担うすべての人々のためにという強い想いがあったからである。

　旧来の幼稚園と保育所では、その目的や役割、使命は異なるが、2つの施設が対象とするのは、年齢の幅は多少違っても同じ就学前の「子ども」であり、子育てを担う人々である。親の就労の有無や家庭環境の違いだけで、子どもが利用できる施設の目的や役割、使命が違っていいのだろうか。幼稚園と保育所それぞれの施設がもつ目的や役割、使命を統合した「養護と教育、そして幼児教育を併せもつ施設」という認定こども園本来の多様な機能こそが重要だといえる。

　ひとりの子どもが抱えている問題は、教育と養護に分けることができず、家庭や地域社会という子ども環境の問題を含めて、様々な要因が複雑に絡み合っている。子どもの問題は家庭そのものの問題でもあり、地域や社会の問題でもあることを思うとき、認定こども園に求められるのは養育機能や教育機能のみならず、子育て支援を含む総合的な機能ではないだろうか。

　そこで必要な3つの視点を分析して考え、総合的に捉えてみることにする。

　まず、1つ目は子どもの育ちと教育である。多くの有識者は、乳児期から「学び」が始まり、環境や大人、さらには同年齢・異年齢の子ども達からも刺激を受け学び合っているという。つまり、自然や物、大人とのかかわりや子ども同士のかかわりが重要である。

　さらに、発達や学びの連続性、発達段階に応じた適切な環境の必要性等を含めて、ここ数年間のコロナ禍のなかで失われつつある他者との関係性が、言語能力やコミュニケーション能力に大きな影響を与えているという。

　2つ目に、子どもにとって最も重要である家庭環境について考えてみる。コロナ禍や人口減少による家庭の孤立化が問題視されているが、古来日本の家族の形は、家長を中心とする

3世代が同居する大家族であった。戦後の高度経済成長とともに核家族化や専業主婦世帯の増加が進み、親子だけの家族構成で子育ては母親が担うものとされてきた。しかし、女性の社会進出や労働力不足のために女性の就業率が上昇し、保育所をはじめとする様々な乳幼児保育施設に子どもを託すことになった。

こうした変化のなかで、就労する母親の子どもと、専業主婦という就労しない母親の子どもに分断されることになった。孤立する家庭のなかで、専業主婦は孤独な子育てを強いられ、「子育ては大変だ」という認識が生まれていく。就労する母親は、仕事と子育ての両立に悩み、なかには保活に苦労する人も出てくる。

3つ目に、子どもと子育てを取り巻く地域社会がどのように変化してきたかを考えてみると、元来、日本人は農耕民族であって、農耕を主産業としていた時代は結（ゆい）という社会の結びつきがあったといわれる。農繁期には地域全体で子どもたちを育てながら、地域住民参加型の農業を行っていた。

しかし、高度経済成長とともに農業の機械化や第2次産業、第3次産業へと産業構造や労働形態が変化し、社会は個人主義や自己責任という言葉で、他の干渉を嫌い、プライバシーや個の権利を守ることが重要だと変化してきた。このことが他の家族に干渉をせず、他人の子育てに口を出してはならないという風潮を生んだのではないかとも考えられる。

これら3つの視点が、総合的機能を発揮する「認定こども園」に求められている課題であり、その在り方を考えることで、期待されている機能や使命が必然的にみえてくるのではないだろうか。

## 1 「こどもがまんなか」

まず、子どもを家庭環境（親の就労の有無や経済的状況、世帯状況など）や成育環境（人口減少地域や都市部、農村部等）の違いに関係なく受け入れることができるという、認定こども園本来の目的である「すべてのこども」のための受け皿となる施設であらねばならない。これは、こども誰でも通園制度等の制度の拡充にみられるように、これまで給付の対象とならなかった在宅の3歳未満児を受け入れる新たな取り組みと重なるものであり、本来の目的はまさにそこであると思われる。

認定こども園は、子どもの発達を促す教育・保育を乳幼児期から捉え、子どもの主体的な興味・関心の発達を促す環境を整備し、一人ひとりの子どもの学びや生活を連続的に支えるため、乳幼児教育・保育の質の向上に努めなければならない。さらに、様々な病気やハンディキャップを抱えたり、配慮を必要とする子どもに対しても、地域の関係機関と連携・協力しながら、インクルーシブな視点で支援していくことが大切である。また、在園児のみにとらわれず、未就園児や卒園した子どもも含めて、地域の子どもたちは地域社会の一員であり、アウトリーチを含めた地域全体に目を向けた取り組みに挑戦していかねばならない。

ともすれば孤立しがちな子育てを、「認定こども園」が中心となって様々な施設や関係機関、地域の様々な方々とつないでいき、社会全体を人と生きていくことの意味を感じられる

場所にしていかなければならないと思う。

## 2 　保育の質と保育教諭の処遇向上に向けて

・・・・・・・・・・・・・・・・・・・・・・・・・・・・・・・・・・・・・・・・・・・・・・・・・・・・・・・・・・・・・・

　現在、児童福祉法に基づく保育士資格と教育職員免許法に基づく幼稚園教諭免許状を併有し、なおかつ、幼保連携型認定こども園に勤務する保育者のことを保育教諭と呼んでいる。

　現在の幼保連携型認定こども園は、旧制度の幼保連携型認定こども園のように異なる2つの認可施設が一緒になった施設ではなく、新たに創設された単一のハイブリッド認可施設であるため、そこで教育・保育に従事する職員についても2つの免許・資格を併有するのではなく、新たな根拠法令と専門性に基づく単独資格として一体化させることが望ましいと考えられている。また、そうすることによって、保育教諭の社会的意義と地位と専門性を確立することができるのではないだろうか。

　同じように、認定こども園が保育するにあたって、幼保連携型認定こども園は、幼保連携型認定こども園教育・保育要領を踏まえて保育を展開するのに対し、他の類型については教育・保育要領を参考にするとされているものの、幼稚園型認定こども園についてはあくまで幼稚園の認可であるため幼稚園教育要領、保育所型認定こども園については保育所の認可のために保育所保育指針を踏まえる形で保育が行われている。今回、こども大綱、幼児期までのこどもの育ちに係る基本的なビジョン等が閣議決定され、幼児期の子どもの育ちの観点から考えると就学前の施設に関する要領や指針は1つになることが望ましいと考える。

## 3 　認定こども園の今後

・・・・・・・・・・・・・・・・・・・・・・・・・・・・・・・・・・・・・・・・・・・・・・・・・・・・・・・・・・・・・・

　これからの「認定こども園」は、1つの決められた基本形があるのではない。それぞれの地域にそれぞれの家庭や保護者、保育者や地域社会を構成する人々がいて、その子どもを取り巻く現状やニーズはそれぞれ異なるのだから、各々の「認定こども園」が地域の課題を理解、認識して、幼児期の子どもの育ちを支えるために必要な思いや考え方を地域につないで共有していくことが大切である。

　今後、人口減少地域などにおいては、地域の子育て支援機能を維持するためにも小規模保育や家庭的保育との連携も視野に入れなければならない。「認定こども園」そのものの多機能化も考える必要はあるが、既存の社会資源と連携・協働しつつ、ハブ機能をもつことで特色や機能をつなぎあい、より多くの支援ができることも考えるべきである。

　どんな支援ができるのかを、一つひとつの「認定こども園」が考え、それぞれの形を創り出していかなければならないと考える。しかし現状では、これらを実現するために必要な財政措置がほぼ無いに等しい。次元の異なる少子化対策の実現に向けて、子育て支援が義務となっている認定こども園に対して、子育て支援予算を確保することも今後の課題である。

第2章

# データから見える
# 日本社会の歩みと認定こども園

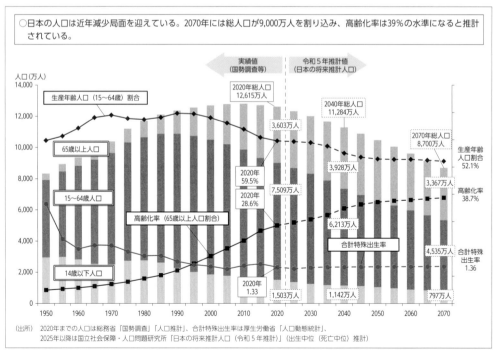

第1節 ◦◦◦ 人口の変化から見える少子高齢化の影響

## 1 日本の人口動態の推移について

　国立社会保障・人口問題研究所の公表した日本の将来推計人口の報告では、11県では2020（令和2）年と比較して2050（令和32）年の総人口が30％以上減少し、25道県では2050年に65歳以上人口割合が40％を超える。全体では東京都以外の道府県は人口が減少し2050年の推計値については、1億400万人程度と予測している。また民間の有識者らで構成する人口戦略会議は、提言書「人口ビジョン2100──安定的で、成長力のある『8000万人国家』へ」を岸田首相へ提出した。その中で2100（令和82）年には総人口が6300万人へ減少し高齢化率も40％となっており、岸田政権が課題としている2030（令和12）年までが少子化対策のラストチャンスと捉え、国民全体で危機意識を共有し官民挙げての対策が必要と提言を行った。

　厚生労働省の人口動態統計からは、2022（令和4）年度の出生数は、77万759人で前年の81万1622人より4万863人減少し、1899（明治32）年の人口動態調査開始以来最小となったことから、今後の少子化対策の施策をどのように進めていくかが重要である。

図2-1 日本の人口の推移

（出所）2020年までの人口は総務省「国勢調査」「人口推計」、合計特殊出生率は厚生労働省「人口動態統計」、
　　　　2025年以降は国立社会保障・人口問題研究所「日本の将来推計人口（令和5年推計）」（出生中位（死亡中位）推計）

出典：厚生労働省『我が国の人口について』

図 2 - 2　日本の人口ピラミッド（2022年10月 1 日現在）

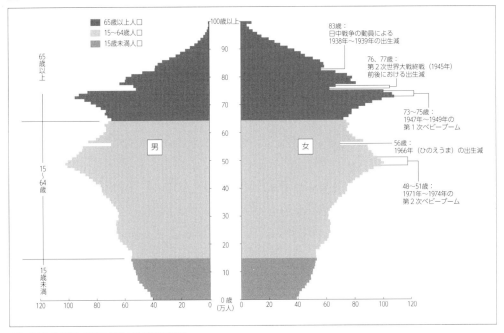

凡例:
- 65歳以上人口
- 15～64歳人口
- 15歳未満人口

注記（女側）:
- 83歳：日中戦争の動員による1938年～1939年の出生減
- 76、77歳：第 2 次世界大戦終戦（1945年）前後における出生減
- 73～75歳：1947年～1949年の第 1 次ベビーブーム
- 56歳：1966年（ひのえうま）の出生減
- 48～51歳：1971年～1974年の第 2 次ベビーブーム

出典：総務省『人口推計（2022年（令和 4 年）10月 1 日現在』

　2022（令和 4 ）年の人口ピラミッドは、団塊ジュニア世代のピークにより中央付近に山ができているが、今後2050年には逆ピラミッド型になると想定される。

## 2　高齢化の影響について

　65歳以上の人口をみると、1950（昭和25）年には総人口の 5 ％未満であったが、1970（昭和45）年には 7 ％を超え、さらに1994（平成 6 ）年には14％を超えた。高齢化率は増加を続けており、2022（令和 4 ）年には29％に達している。今後団塊の世代が75歳以上を迎える2025（令和 7 ）年には3653万人に達すると見込まれており、2043（令和25）年に3953万人でピークを迎え、その後減少していくと推計されている。

　総人口が減少する中で高齢化率は上昇を続け、2037（令和19）年には33.3％となり、国民の 3 人に 1 人が65歳以上の高齢者となる。高齢化が続くことにより、現役世代の負担も増えており、1950年には65歳以上の者 1 人に対して、現役世代が12.1人いたのに対して2022年にはほぼ 2 人になっている。2070（令和52）年には1.3人という比率になると見込まれている。

　さらに、平均寿命も少しずつ伸びてきており、令和50年代には女性の平均寿命が90歳を超えていると予想されており、それに対応していく社会システムの構築が必要である。

　高齢化の進行に伴い、生産年齢人口も急速に減少することから、今後70歳くらいまでの働き方や、それに対応した業務改善などに取り組み、急激に進む働き手の減少へ対応していく必要がある。

## 図 2-3　平均寿命の推移と将来推計

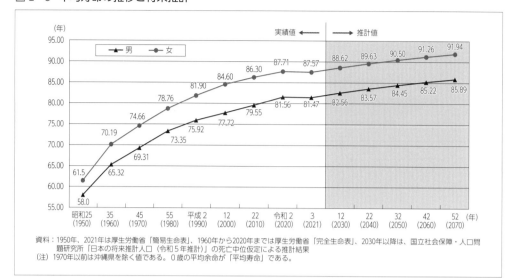

資料：1950年、2021年は厚生労働省「簡易生命表」、1960年から2020年までは厚生労働省「完全生命表」、2030年以降は、国立社会保障・人口問題研究所「日本の将来推計人口（令和５年推計）」の死亡中位仮定による推計結果
(注)　1970年以前は沖縄県を除く値である。０歳の平均余命が「平均寿命」である。

出典：内閣府『令和５年版　高齢社会白書』2023年

## 図 2-4　世界の高齢化率の推移

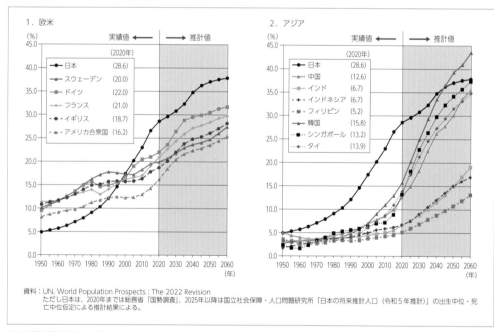

資料：UN, World Population Prospects : The 2022 Revision
　　　ただし日本は、2020年までは総務省「国勢調査」、2025年以降は国立社会保障・人口問題研究所「日本の将来推計人口（令和５年推計）」の出生中位・死亡中位仮定による推計結果による。

出典：内閣府『令和５年版　高齢社会白書』2023年

図 2 - 5　2025年までの社会変化と2025年以降の社会変化

資料：総務省『国勢調査』、国立社会保障・人口問題研究所『日本の将来推計人口（令和5年推計）』より作成

## 3　少子化の進行「1.26」ショック再び

　我が国の1年間の出生数は、第1次ベビーブーム期の1949（昭和24）年には約270万人、第2次ベビーブーム期の1973（昭和48）年には約210万人であったが、1975（昭和50）年に200万人を割り込み、それ以降は毎年減少し続けた。1984（昭和59）年には150万人を割り込み、1991（平成3）年以降は増加と減少を繰り返しながら、緩やかな減少傾向となっているが、2022（令和4）年は約77万人にまで減少し、少子化が加速する気配をみせている。

　合計特殊出生率をみると、第1次ベビーブーム期には4.3を超えていたが、1950（昭和25）年以降急激に低下した。その後、第2次ベビーブーム期を含め、ほぼ2.1台で推移していたが、1975年に2.0を下回ってから再び低下傾向となった。1989（平成元）年にはそれまで最低であった1966（昭和41）年（丙午：ひのえうま）の1.58を下回る1.57を記録し、さらに2005（平成17）年には過去最低である1.26まで落ち込んだ。その後少しずつ回復の兆しがみえてきたが、2022年の出生数は77万759人で、前年の81万1622人より4万863人減少し、合計特殊出生率は1.26で、前年の1.30より低下し、2005年に並び過去最低となった。

図2-6　日本の出生数と合計特殊出生率の年次推移

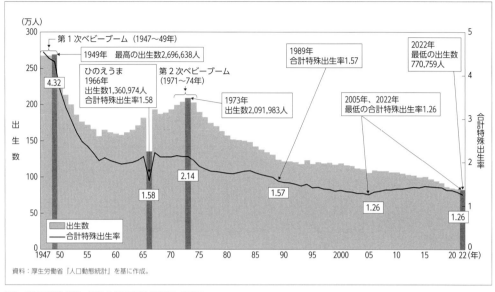

資料：厚生労働省『人口動態統計』を基に作成。

出典：内閣府『令和4年版　少子化社会対策白書』2022年を一部改変

## 4　諸外国の合計特殊出生率の推移

　令和4年の少子化社会対策白書では諸外国の合計特殊出生率についてまとめられており、諸外国（フランス、スウェーデン、アメリカ、イギリス、ドイツ、イタリア）の合計特殊出生率の推移をみると、1960年代まではすべての国で2.0以上の水準であった。その後、1970（昭和45）年から1980（昭和55）年頃にかけて全体として低下傾向となったが、その背景には子どもの養育コストの増大、結婚・出産に対する価値観の変化、避妊の普及等があったと指摘されている。

　1990（平成2）年頃からは、合計特殊出生率が回復する国もみられるようになってきた。特に、フランスやスウェーデンでは、合計特殊出生率が1.5〜1.6台まで低下した後、回復傾向となり、2000年代後半には2.0前後まで上昇した。これらの国の家族政策の特徴をみると、フランスではかつては家族手当等の経済的支援が中心であったが、1990年代以降は保育の充実へシフトし、その後さらに出産・子育てと就労に関して幅広い選択ができるような環境整備、すなわち「両立支援」を強める方向で政策が進められた。

　スウェーデンでは、比較的早い時期から経済的支援と併せ、保育や育児休業制度といった「両立支援」の施策が進められてきた。また、ドイツでは、依然として経済的支援が中心となっているが、「両立支援」へと転換を図り、育児休業制度や保育の充実等を相次いで打ち出した。

　しかしながら、フランスやスウェーデンの合計特殊出生率は2010（平成22）年頃から再び低下傾向にあり、2020（令和2）年ではそれぞれ1.82、1.66となっている。全体的な少子化のトレンドは世界的な傾向であるが、出産・子育てに関する支援の充実が少子化に歯止めをかけており、制度の充実が遅れている東アジア圏は、韓国の2020年の0.84といった深刻な少

図2-7 諸外国の出生率の動き

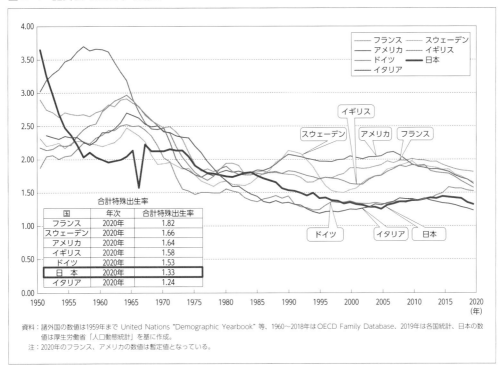

| 合計特殊出生率 | | |
|---|---|---|
| 国 | 年次 | 合計特殊出生率 |
| フランス | 2020年 | 1.82 |
| スウェーデン | 2020年 | 1.66 |
| アメリカ | 2020年 | 1.64 |
| イギリス | 2020年 | 1.58 |
| ドイツ | 2020年 | 1.53 |
| 日　本 | 2020年 | 1.33 |
| イタリア | 2020年 | 1.24 |

資料：諸外国の数値は1959年まで United Nations "Demographic Yearbook" 等、1960～2018年はOECD Family Database、2019年は各国統計、日本の数値は厚生労働省「人口動態統計」を基に作成。
注：2020年のフランス、アメリカの数値は暫定値となっている。

出典：内閣府『令和4年版　少子化社会対策白書』2022年

子化が進む状況が出てきている。

## 5　少子化が投げかける財源問題

　日本の財政支出における社会保障費は、1980（昭和55）年の24.9兆円から右肩上がりに増加し、2022（令和4）年度は131.1兆円となっている。そのなかで医療や年金などの伸びが大きく、高齢化と制度の充実により給付が伸びていったことがうかがえる。

　また、家族関係社会支出の対GDP比を見てみると、我が国の家族関係社会支出は児童手当の段階的拡充や保育の受け皿拡大により着実に増加し、近年は1.74％（2019（令和元）年度）、2.01％（2020（令和2）年度）と増加傾向になっている。国民負担率などの違いもあり、単純に比較はできないが、それでもフランスやスウェーデンなどの欧州諸国と比べて低水準となっており、現金給付、現物給付を通じた家族政策全体の財政的な規模が小さいことがかねてから指摘されていた。ただ、子ども・子育て支援新制度の推進や待機児童解消に向けた対策、さらには「次元の異なる少子化対策」に向けた取り組みの強化などにより、欧米諸国の水準へ近づき始めている。

　少子化対策予算は、2006（平成18）年10月に認定こども園制度が創設された時期の1.5兆円から、2022（令和4）年度には6.1兆円と4倍になっており、さらに「次元の異なる少子化対策」等で3兆円程度の追加予算が必要とされており、今後必要な財源の確保を進めていくことにより、ヨーロッパ諸国と並ぶ水準へ移行することが期待される。

## 図2-8 社会保障給付費の推移

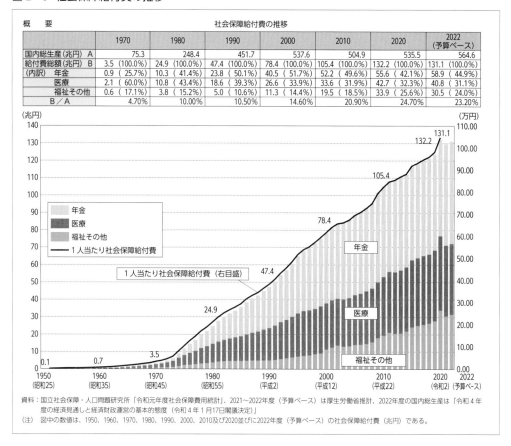

| 概要 | 社会保障給付費の推移 | | | | | | |
|---|---|---|---|---|---|---|---|
| | 1970 | 1980 | 1990 | 2000 | 2010 | 2020 | 2022 (予算ベース) |
| 国内総生産(兆円) A | 75.3 | 248.4 | 451.7 | 537.6 | 504.9 | 535.5 | 564.6 |
| 給付費総額(兆円) B | 3.5 (100.0%) | 24.9 (100.0%) | 47.4 (100.0%) | 78.4 (100.0%) | 105.4 (100.0%) | 132.2 (100.0%) | 131.1 (100.0%) |
| (内訳) 年金 | 0.9 (25.7%) | 10.3 (41.4%) | 23.8 (50.1%) | 40.5 (51.7%) | 52.2 (49.6%) | 55.6 (42.1%) | 58.9 (44.9%) |
| 医療 | 2.1 (60.0%) | 10.8 (43.4%) | 18.6 (39.3%) | 26.6 (33.9%) | 33.6 (31.9%) | 42.7 (32.3%) | 40.8 (31.1%) |
| 福祉その他 | 0.6 (17.1%) | 3.8 (15.2%) | 5.0 (10.6%) | 11.3 (14.4%) | 19.5 (18.5%) | 33.9 (25.6%) | 30.5 (24.0%) |
| B／A | 4.70% | 10.00% | 10.50% | 14.60% | 20.90% | 24.70% | 23.20% |

資料：国立社会保障・人口問題研究所「令和元年度社会保障費用統計」、2021～2022年度（予算ベース）は厚生労働省推計、2022年度の国内総生産は「令和4年度の経済見通しと経済財政運営の基本的態度（令和4年1月17日閣議決定）」
(注) 図中の数値は、1950、1960、1970、1980、1990、2000、2010及び2020並びに2022年度（予算ベース）の社会保障給付費（兆円）である。

## 図2-9 家族関係社会支出の対GDP比の国際比較

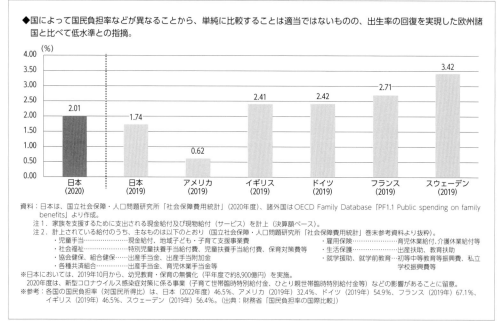

◆国によって国民負担率などが異なることから、単純に比較することは適当ではないものの、出生率の回復を実現した欧州諸国と比べて低水準との指摘。

資料：日本は、国立社会保障・人口問題研究所「社会保障費用統計」(2020年度)、諸外国はOECD Family Database「PF1.1 Public spending on family benefits」より作成。
注1．家族を支援するために支出される現金給付及び現物給付（サービス）を計上（決算額ベース）。
注2．計上されている給付のうち、主なものは以下のとおり（国立社会保障・人口問題研究所「社会保障費用統計」巻末参考資料より抜粋）。
・児童手当……………現金給付、地域子ども・子育て支援事業費
・社会福祉……………特別児童扶養手当給付費、児童扶養手当給付費、保育対策費等
・協会健保、組合健保……出産育児一時金、出産手当附加金
・各種共済組合………出産手当金、育児休業手当金等
・雇用保険……………育児休業給付、介護休業給付等
・生活保護……………出産扶助、教育扶助
・就学援助、就学前教育…初等中等教育振興費、私立学校振興費等
※日本においては、2019年10月から、幼児教育・保育の無償化（平年度で約8,900億円）を実施。
2020年度は、新型コロナウイルス感染症対策に係る事業（子育て世帯臨時特別給付金、ひとり親世帯臨時特別給付金等）などの影響があることに留意。
※参考：各国の国民負担率（対国民所得比）は、日本（2022年度）46.5%、アメリカ（2019年）32.4%、ドイツ（2019年）54.9%、フランス（2019年）67.1%、イギリス（2019年）46.5%、スウェーデン（2019年）56.4%。(出典：財務省「国民負担率の国際比較」)

出典：こども政策に関する国と地方の協議の場（第1回）『参考資料集』参考資料1（令和5年5月10日）こども家庭庁

## 図2‑10 少子化対策関係予算（当初予算ベース）の推移

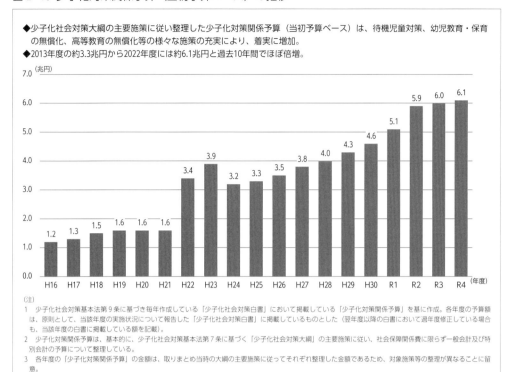

◆少子化社会対策大綱の主要施策に従い整理した少子化対策関係予算（当初予算ベース）は、待機児童対策、幼児教育・保育の無償化、高等教育の無償化等の様々な施策の充実により、着実に増加。
◆2013年度の約3.3兆円から2022年度には約6.1兆円と過去10年間でほぼ倍増。

(注)
1　少子化社会対策基本法第9条に基づき毎年作成している「少子化社会対策白書」において掲載している「少子化対策関係予算」を基に作成。各年度の予算額は、原則として、当該年度の実施状況について報告した「少子化社会対策白書」に掲載しているものとした（翌年度以降の白書において過年度修正している場合も、当該年度の白書に掲載している額を記載）。
2　少子化対策関係予算は、基本的に、少子化社会対策基本法第7条に基づく「少子化社会対策大綱」の主要施策に従い、社会保障関係費に限らず一般会計及び特別会計の予算について整理している。
3　各年度の「少子化対策関係予算」の金額は、取りまとめ当時の大綱の主要施策に従ってそれぞれ整理した金額であるため、対象施策等の整理が異なることに留意。

出典：こども政策に関する国と地方の協議の場（第1回）『参考資料集』参考資料1（令和5年5月10日）こども家庭庁

## 6　コロナ期における財政への影響

　これまで段階的に上昇していた歳出だが、新型コロナウイルス感染症拡大への対応のために2020（令和2）年度は大きく増加し、それに合わせて公債発行額が飛躍的に伸びた。経済対策や財政出動による伸びに合わせた一定の税収増がみられるが、今後の経済成長は前述の少子高齢化と合わせて緩やかに鈍化していくことが考えられる。今後期待される少子化対策予算の増加に向けては、持続可能な財源の確保や社会保障制度改革などで対応していくことが求められる。

## 図 2 -11 一般会計税収、歳出総額および公債発行額の推移

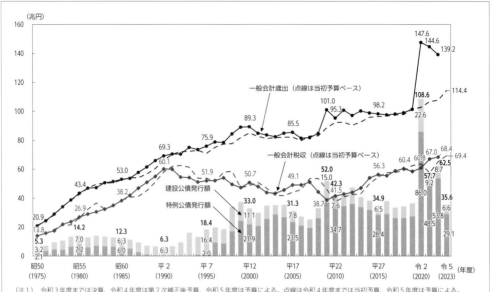

(注 1 ) 令和 3 年度までは決算、令和 4 年度は第 2 次補正後予算、令和 5 年度は予算による。点線は令和 4 年度までは当初予算、令和 5 年度は予算による。
(注 2 ) 公債発行額は、平成 2 年度は湾岸地域における平和回復活動を支援する財源を調達するための臨時特別公債、平成 6 〜 8 年度は消費税率 3 ％から 5 ％
への引上げに先行して行った減税による租税収入の減少を補うための減税特例公債、平成23年度は東日本大震災からの復興のために実施する施策の財源
を調達するための復興債、平成24年度及び25年度は基礎年金国庫負担 2 分の 1 を実現する財源を調達するための年金特例公債を除いている。
(注 3 ) 令和 5 年度の歳出については、令和 6 年度以降の防衛力整備計画対象経費の財源として活用する防衛力強化資金繰入れ3.4兆円が含まれている。

出典：財務省資料

## 第2節 少子化対策の現状と課題

### 1 少子化の原因となる未婚化や晩婚化

　少子化の原因として、未婚化・非婚化、晩婚化・晩産化の進行が指摘されている。婚姻件数については年々減少傾向にあり、1970（昭和45）年から1974（昭和49）年にかけて年間100万組を超えていたが、2018（平成30）年に初めて58万6481組と60万組台を割り込んだ。2019（令和元）年は令和への改元のタイミングで婚姻するいわゆる「令和婚」の影響もあり、59万9007組（対前年比1万2526組増）と7年ぶりに前年より増加したが、その後は減少に転じた。直近では2021（令和3）年はコロナ禍のなか50万1138組と過去最低を更新し、2022（令和4）年は50万4930組と若干上昇した。

　日本では婚姻と出生には大きな関係性があり、未婚化や晩婚化の進行が大きく出生数の減少に影響している。このうち平均初婚年齢をみると、2022年で夫が31.1歳、妻が29.7歳となっており、1985（昭和60）年と比較すると夫は2.9歳、妻は4.2歳上昇している。また、出生時の母親の平均年齢を出生順位別にみると、2022年においては第1子が30.9歳、第2子が32.9歳、第3子が34.1歳と近年は横ばいとなっており、1985年と比較すると第1子では4.2歳、第2子では3.8歳、第3子では2.7歳それぞれ上昇している。

図2-12 婚姻件数と婚姻率の推移

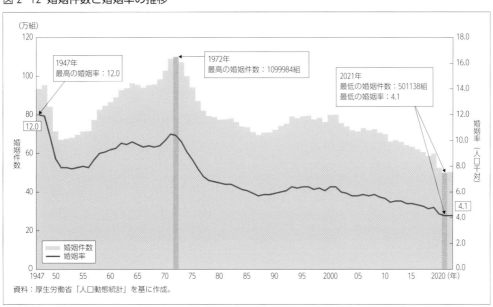

資料：厚生労働省「人口動態統計」を基に作成。

出典：内閣府『令和4年版　少子化社会対策白書』2022年を一部改変

図 2-13 平均初婚年齢と平均出生時年齢の推移

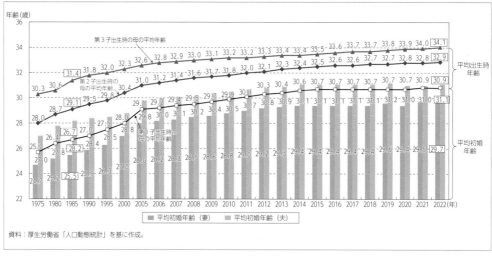

資料：厚生労働省「人口動態統計」を基に作成。

出典：内閣府『令和4年版 少子化社会対策白書』2022年を一部改変

　さらに、未婚率も上昇を続けており2020（令和2）年には、男性の約3.5人に1人、女性は約5.6人に1人が未婚の状態である。

　初婚同士の夫婦の完結出生児数（結婚持続期間が15〜19年の初婚同士の夫婦の平均出生子供数）をみると、1970年代から2002（平成14）年まで2.2人前後で安定的に推移していたが、2005（平成17）年から減少傾向となり、2021年には1.90と過去最低となっている（第16回出生動向基本調査より）。

　また、最低賃金の上昇という明るい兆しはあるが、非正規雇用の割合は同水準を維持し、経済的な問題から婚姻へ結びついていない状況も改善していく必要がある。

図 2-14 50歳時の未婚率の推移

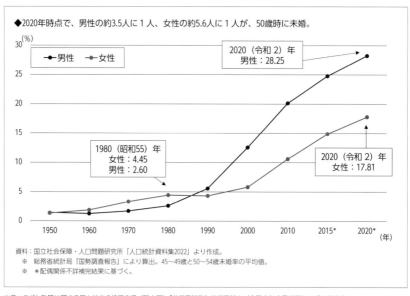

資料：国立社会保障・人口問題研究所「人口統計資料集2022」より作成。
　※　総務省統計局「国勢調査報告」により算出。45〜49歳と50〜54歳未婚率の平均値。
　※　＊配偶関係不詳補完結果に基づく。

出典：こども政策に関する国と地方の協議の場（第1回）『参考資料集』参考資料1（令和5年5月10日）こども家庭庁

## 2 育児と就業と少子化の関係

女性の育児負担も、少子化へ大きな影響を与えている。女性の出産前後の就業状況をみると、第1子を出産した既婚女性で、第1子の出産後に就業を継続した女性の割合は、これまで4割前後で推移してきたが、2010（平成22）年から2014（平成26）年に出産した既婚女性では、53.1％へと大幅に上昇した。

また、第1子を出産した既婚女性で、第1子の出産前に就業していた女性のうち、育児休業を利用して就業を継続した女性の割合も上昇してきており39.2％となっている。女性の社会進出や就労を継続する為に、今後育児を負担と感じないための支援を具体化し、早急に施策として制度化することが必要である。

育児休業の取得状況は、全体では女性は2006（平成18）年頃より80％を超える水準となっているが、2020（令和2）年以降男性の取得状況も少しずつではあるが増加し10％を超えてきており、収入保障制度や意識改革などを合わせた後押しによる、今後の伸びを期待させるものである。

図2−15 第1子出産前後の妻の就業の変化

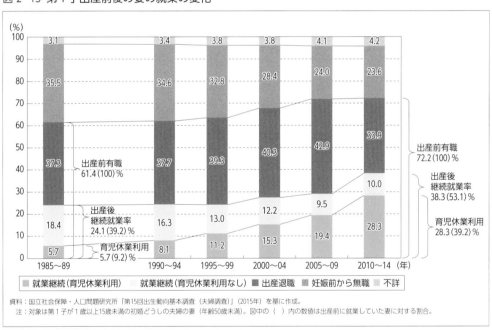

資料：国立社会保障・人口問題研究所「第15回出生動向基本調査（夫婦調査）」（2015年）を基に作成。
注：対象は第1子が1歳以上15歳未満の初婚どうしの夫婦の妻（年齢50歳未満）。図中の（　）内の数値は出産前に就業していた妻に対する割合。

出典：内閣府『令和4年版　少子化社会対策白書』2022年

図2-16 育児休業の取得率の推移

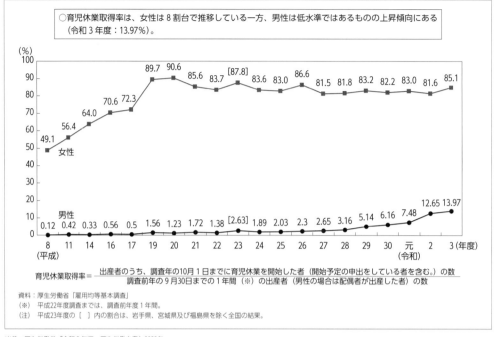

○育児休業取得率は、女性は8割台で推移している一方、男性は低水準ではあるものの上昇傾向にある
（令和3年度：13.97％）。

育児休業取得率＝ 出産者のうち、調査年の10月1日までに育児休業を開始した者（開始予定の申出をしている者を含む。）の数 ／ 調査前年の9月30日までの1年間（※）の出産者（男性の場合は配偶者が出産した者）の数

資料：厚生労働省「雇用均等基本調査」
（※）　平成22年度調査までは、調査前年度1年間。
（注）　平成23年度の〔　〕内の割合は、岩手県、宮城県及び福島県を除く全国の結果。

出典：厚生労働省『令和5年版　厚生労働白書』2023年

## 3　都市部への人口集中と女性の社会進出による少子化への影響

　国勢調査の結果から、都道府県で最多の出生数を誇る東京都が出生率では最下位となっており、東京圏の出生人口が国内でかなりの比重を占めているにもかかわらず、出生率では下位になる状況があり、都市部への人口一極集中による子育て支援のニーズに対応できていないことやその弊害が出ているのではないかと考えられる。

　また、地方での合計特殊出生率が一部上昇している府県もあり、そういった県の子育て支援策の取り組みや増加要因などを今後収集・分析し、子育て支援策へ反映させることも必要である。

## 図 2−17　2020年の出生数の状況

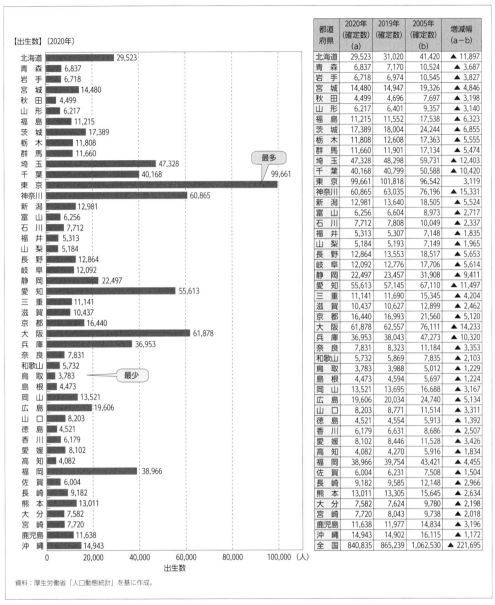

【出生数】〔2020年〕

| 都道府県 | 2020年（確定数）(a) | 2019年（確定数） | 2005年（確定数）(b) | 増減幅 (a−b) |
|---|---|---|---|---|
| 北海道 | 29,523 | 31,020 | 41,420 | ▲ 11,897 |
| 青　森 | 6,837 | 7,170 | 10,524 | ▲ 3,687 |
| 岩　手 | 6,718 | 6,974 | 10,545 | ▲ 3,827 |
| 宮　城 | 14,480 | 14,947 | 19,326 | ▲ 4,846 |
| 秋　田 | 4,499 | 4,696 | 7,697 | ▲ 3,198 |
| 山　形 | 6,217 | 6,401 | 9,357 | ▲ 3,140 |
| 福　島 | 11,215 | 11,552 | 17,538 | ▲ 6,323 |
| 茨　城 | 17,389 | 18,004 | 24,244 | ▲ 6,855 |
| 栃　木 | 11,808 | 12,608 | 17,363 | ▲ 5,555 |
| 群　馬 | 11,660 | 11,901 | 17,134 | ▲ 5,474 |
| 埼　玉 | 47,328 | 48,298 | 59,731 | ▲ 12,403 |
| 千　葉 | 40,168 | 40,799 | 50,588 | ▲ 10,420 |
| 東　京 | 99,661 | 101,818 | 96,542 | 3,119 |
| 神奈川 | 60,865 | 63,035 | 76,196 | ▲ 15,331 |
| 新　潟 | 12,981 | 13,640 | 18,505 | ▲ 5,524 |
| 富　山 | 6,256 | 6,604 | 8,973 | ▲ 2,717 |
| 石　川 | 7,712 | 7,808 | 10,049 | ▲ 2,337 |
| 福　井 | 5,313 | 5,307 | 7,148 | ▲ 1,835 |
| 山　梨 | 5,184 | 5,193 | 7,149 | ▲ 1,965 |
| 長　野 | 12,864 | 13,553 | 18,517 | ▲ 5,653 |
| 岐　阜 | 12,092 | 12,776 | 17,706 | ▲ 5,614 |
| 静　岡 | 22,497 | 23,457 | 31,908 | ▲ 9,411 |
| 愛　知 | 55,613 | 57,145 | 67,110 | ▲ 11,497 |
| 三　重 | 11,141 | 11,690 | 15,345 | ▲ 4,204 |
| 滋　賀 | 10,437 | 10,627 | 12,899 | ▲ 2,462 |
| 京　都 | 16,440 | 16,993 | 21,560 | ▲ 5,120 |
| 大　阪 | 61,878 | 62,557 | 76,111 | ▲ 14,233 |
| 兵　庫 | 36,953 | 38,043 | 47,273 | ▲ 10,320 |
| 奈　良 | 7,831 | 8,323 | 11,184 | ▲ 3,353 |
| 和歌山 | 5,732 | 5,869 | 7,835 | ▲ 2,103 |
| 鳥　取 | 3,783 | 3,988 | 5,012 | ▲ 1,229 |
| 島　根 | 4,473 | 4,594 | 5,697 | ▲ 1,224 |
| 岡　山 | 13,521 | 13,695 | 16,688 | ▲ 3,167 |
| 広　島 | 19,606 | 20,034 | 24,740 | ▲ 5,134 |
| 山　口 | 8,203 | 8,771 | 11,514 | ▲ 3,311 |
| 徳　島 | 4,521 | 4,554 | 5,913 | ▲ 1,392 |
| 香　川 | 6,179 | 6,631 | 8,686 | ▲ 2,507 |
| 愛　媛 | 8,102 | 8,446 | 11,528 | ▲ 3,426 |
| 高　知 | 4,082 | 4,270 | 5,916 | ▲ 1,834 |
| 福　岡 | 38,966 | 39,754 | 43,421 | ▲ 4,455 |
| 佐　賀 | 6,004 | 6,231 | 7,508 | ▲ 1,504 |
| 長　崎 | 9,182 | 9,585 | 12,148 | ▲ 2,966 |
| 熊　本 | 13,011 | 13,305 | 15,645 | ▲ 2,634 |
| 大　分 | 7,582 | 7,624 | 9,780 | ▲ 2,198 |
| 宮　崎 | 7,720 | 8,043 | 9,738 | ▲ 2,018 |
| 鹿児島 | 11,638 | 11,977 | 14,834 | ▲ 3,196 |
| 沖　縄 | 14,943 | 14,902 | 16,115 | ▲ 1,172 |
| 全　国 | 840,835 | 865,239 | 1,062,530 | ▲ 221,695 |

資料：厚生労働省「人口動態統計」を基に作成。

出典：内閣府『令和 4 年版　少子化社会対策白書』2022年

## 図2-18 2020年の合計特殊出生率の状況

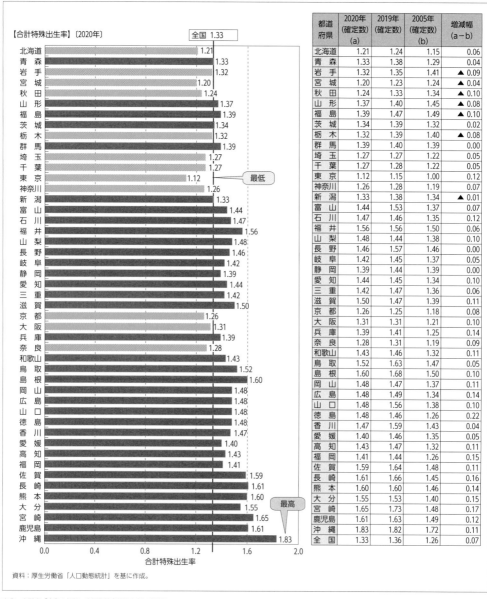

【合計特殊出生率】〔2020年〕　　全国 1.33

| 都道府県 | 2020年(確定数)(a) | 2019年(確定数) | 2005年(確定数)(b) | 増減幅(a−b) |
|---|---|---|---|---|
| 北海道 | 1.21 | 1.24 | 1.15 | 0.06 |
| 青　森 | 1.33 | 1.38 | 1.29 | 0.04 |
| 岩　手 | 1.32 | 1.35 | 1.41 | ▲ 0.09 |
| 宮　城 | 1.20 | 1.23 | 1.24 | ▲ 0.04 |
| 秋　田 | 1.24 | 1.33 | 1.34 | ▲ 0.10 |
| 山　形 | 1.37 | 1.40 | 1.45 | ▲ 0.08 |
| 福　島 | 1.39 | 1.47 | 1.49 | ▲ 0.10 |
| 茨　城 | 1.34 | 1.39 | 1.32 | 0.02 |
| 栃　木 | 1.32 | 1.39 | 1.40 | ▲ 0.08 |
| 群　馬 | 1.39 | 1.40 | 1.39 | 0.00 |
| 埼　玉 | 1.27 | 1.27 | 1.22 | 0.05 |
| 千　葉 | 1.27 | 1.28 | 1.22 | 0.05 |
| 東　京 | 1.12 | 1.15 | 1.00 | 0.12 |
| 神奈川 | 1.26 | 1.28 | 1.19 | 0.07 |
| 新　潟 | 1.33 | 1.38 | 1.34 | ▲ 0.01 |
| 富　山 | 1.44 | 1.53 | 1.37 | 0.07 |
| 石　川 | 1.47 | 1.46 | 1.35 | 0.12 |
| 福　井 | 1.56 | 1.56 | 1.50 | 0.06 |
| 山　梨 | 1.48 | 1.44 | 1.38 | 0.10 |
| 長　野 | 1.46 | 1.57 | 1.46 | 0.00 |
| 岐　阜 | 1.42 | 1.45 | 1.37 | 0.05 |
| 静　岡 | 1.39 | 1.44 | 1.39 | 0.00 |
| 愛　知 | 1.44 | 1.45 | 1.34 | 0.10 |
| 三　重 | 1.42 | 1.47 | 1.36 | 0.06 |
| 滋　賀 | 1.50 | 1.47 | 1.39 | 0.11 |
| 京　都 | 1.26 | 1.25 | 1.18 | 0.08 |
| 大　阪 | 1.31 | 1.31 | 1.21 | 0.10 |
| 兵　庫 | 1.39 | 1.41 | 1.25 | 0.14 |
| 奈　良 | 1.28 | 1.31 | 1.19 | 0.09 |
| 和歌山 | 1.43 | 1.46 | 1.32 | 0.11 |
| 鳥　取 | 1.52 | 1.63 | 1.47 | 0.05 |
| 島　根 | 1.60 | 1.68 | 1.50 | 0.10 |
| 岡　山 | 1.48 | 1.47 | 1.37 | 0.11 |
| 広　島 | 1.48 | 1.49 | 1.34 | 0.14 |
| 山　口 | 1.48 | 1.56 | 1.38 | 0.10 |
| 徳　島 | 1.48 | 1.46 | 1.26 | 0.22 |
| 香　川 | 1.47 | 1.59 | 1.43 | 0.04 |
| 愛　媛 | 1.40 | 1.46 | 1.35 | 0.05 |
| 高　知 | 1.43 | 1.47 | 1.32 | 0.11 |
| 福　岡 | 1.41 | 1.44 | 1.26 | 0.15 |
| 佐　賀 | 1.59 | 1.64 | 1.48 | 0.11 |
| 長　崎 | 1.61 | 1.66 | 1.45 | 0.16 |
| 熊　本 | 1.60 | 1.60 | 1.46 | 0.14 |
| 大　分 | 1.55 | 1.53 | 1.40 | 0.15 |
| 宮　崎 | 1.65 | 1.73 | 1.48 | 0.17 |
| 鹿児島 | 1.61 | 1.63 | 1.49 | 0.12 |
| 沖　縄 | 1.83 | 1.82 | 1.72 | 0.11 |
| 全　国 | 1.33 | 1.36 | 1.26 | 0.07 |

資料：厚生労働省「人口動態統計」を基に作成。

出典：内閣府『令和4年版　少子化社会対策白書』2022年

　コロナ禍のなかで一度鈍化したものの、東京圏への人口流入の流れは根強いものがあり、特に2010年代から女性の東京圏への流入は男性を超えており、就学や就職等の機会に流入し、晩婚化、未婚化の傾向と合わせて少子化の負のスパイラルをつくっているのではないかと考えられる。

　2023（令和5）年度の人口増減率をみると、東京都以外の都道府県はすべて減少しており、3大都市圏で比較しても東京の一人勝ちの状況であり、特に女性の東京への転入が目立っている。

　今後は東京圏での子育て支援の充実だけではなく、地方から東京圏への一極集中への対策

図 2-19 3大都市圏への転入超過数の推移（1954年～2023年）

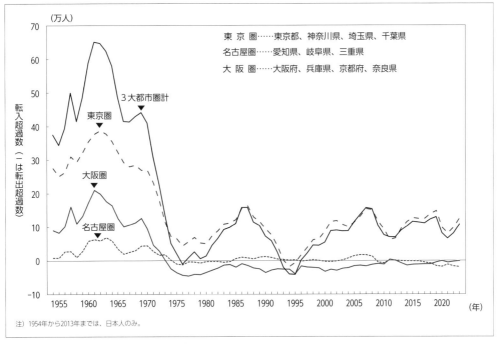

東 京 圏……東京都、神奈川県、埼玉県、千葉県
名古屋圏……愛知県、岐阜県、三重県
大 阪 圏……大阪府、兵庫県、京都府、奈良県

注）1954年から2013年までは、日本人のみ。

出典：総務省『住民基本台帳人口移動報告　2023年（令和 5 年）結果』

表 2-1 転入超過都道府県ランキング

2023年年間・都道府県転入超過数　社会増エリア　ベストランキング（人）
【国内移動人気／転入超過となったエリア】

| Best | 都道府県 | 合計 | 男性 | 女性 | 女性／男性 | どちらが増えたか |
|---|---|---|---|---|---|---|
| 1 位 | 東京都 | 68,285 | 31,265 | 37,020 | 1.18 | 女性 |
| 2 位 | 神奈川県 | 28,606 | 14,387 | 14,219 | 0.99 | ほぼ同じ |
| 3 位 | 埼玉県 | 24,839 | 12,539 | 12,300 | 0.98 | ほぼ同じ |
| 4 位 | 大阪府 | 10,792 | 2,913 | 7,879 | 2.70 | 女性 |
| 5 位 | 千葉県 | 4,785 | −388 | 5,173 | −13.33 | 女性のみ |
| 6 位 | 福岡県 | 4,387 | 2,430 | 1,957 | 0.81 | 男性 |
| 7 位 | 滋賀県 | 12 | −83 | 95 | −1.14 | 女性のみ |
| 転入超過エリア計 | | 141,706 | 63,063 | 78,643 | 1.25 | 女性 |
| 全国 | | 0 | 0 | 0 | — | — |

資料：総務省「住民基本台帳人口移動報告　月報」より作成

出典：天野馨南子『【地方創生・人口動態データ報】2023年　都道府県転入超過ランキング―勝敗を決めたのはエリアの「雇用力」―』ニッセイ基礎研究所　https://www.nli-research.co.jp/report/detail/id=77449?site=nli

図 2 -20 大学進学率の推移

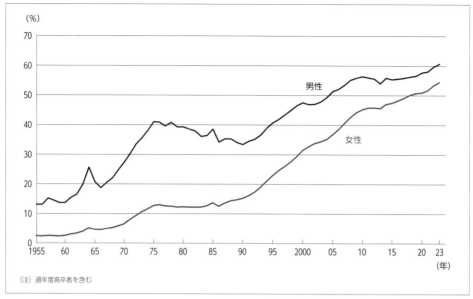

(注) 過年度高卒者を含む

資料：文部科学省「令和 5 年度　学校基本調査」2023年

を講じ、地方へも人材が循環する仕組みづくりが求められる。

　また、人口の都市部への集中の１つの指標として、女性の大学への進学率の上昇がある。東京圏で就学する女性の割合も高くなっていることから、地方から都市部へ進学し、そのまま就職などで地方へ戻らない状況が続いているのではないかと考えられる。

　東京圏への一極集中以外では、比較的人口密集地域の隣接した地域の人口増減率が優位にあり、全体的な傾向として福岡、愛知、大阪など大きな都市へ人口集約傾向が進んでいるものと推測される。

表 2 - 2　都道府県別人口増減率

(単位　%)

| 人口増減率順位 | 都道府県 | 人口増減率 | | 人口増減率順位 | 都道府県 | 人口増減率 | | 人口増減率順位 | 都道府県 | 人口増減率 | |
|---|---|---|---|---|---|---|---|---|---|---|---|
| | | 2022年 | 2021年 | | | 2022年 | 2021年 | | | 2022年 | 2021年 |
| － | 全　国 | −0.44 | −0.51 | 16 | 佐 賀 県 | −0.64 | −0.67 | 30 | 鹿 児 島 県 | −0.87 | −0.75 |
| 1 | 東 京 都 | 0.20 | −0.27 | 17 | 栃 木 県 | −0.65 | −0.61 | 33 | 鳥 取 県 | −0.91 | −0.86 |
| 2 | 沖 縄 県 | −0.01 | 0.07 | 17 | 長 野 県 | −0.65 | −0.72 | 34 | 福 井 県 | −1.00 | −0.84 |
| 3 | 神 奈 川 県 | −0.04 | −0.01 | 19 | 石 川 県 | −0.67 | −0.65 | 35 | 島 根 県 | −1.05 | −0.93 |
| 4 | 埼 玉 県 | −0.05 | −0.06 | 20 | 大 分 県 | −0.68 | −0.84 | 36 | 山 口 県 | −1.06 | −1.08 |
| 5 | 滋 賀 県 | −0.11 | −0.22 | 21 | 群 馬 県 | −0.69 | −0.65 | 36 | 長 崎 県 | −1.06 | −1.18 |
| 6 | 千 葉 県 | −0.15 | −0.15 | 22 | 静 岡 県 | −0.70 | −0.70 | 38 | 愛 媛 県 | −1.09 | −1.04 |
| 6 | 福 岡 県 | −0.15 | −0.22 | 23 | 奈 良 県 | −0.72 | −0.69 | 39 | 新 潟 県 | −1.12 | −1.10 |
| 8 | 大 阪 府 | −0.27 | −0.36 | 23 | 広 島 県 | −0.72 | −0.72 | 40 | 和 歌 山 県 | −1.13 | −0.97 |
| 9 | 愛 知 県 | −0.29 | −0.34 | 25 | 岡 山 県 | −0.74 | −0.64 | 41 | 徳 島 県 | −1.14 | −1.05 |
| 10 | 茨 城 県 | −0.43 | −0.53 | 26 | 岐 阜 県 | −0.77 | −0.90 | 42 | 福 島 県 | −1.20 | −1.16 |
| 10 | 山 梨 県 | −0.43 | −0.57 | 26 | 三 重 県 | −0.77 | −0.82 | 43 | 高 知 県 | −1.22 | −1.08 |
| 12 | 宮 城 県 | −0.44 | −0.51 | 28 | 北 海 道 | −0.82 | −0.80 | 44 | 山 形 県 | −1.31 | −1.23 |
| 13 | 京 都 府 | −0.45 | −0.65 | 29 | 宮 崎 県 | −0.84 | −0.78 | 45 | 岩 手 県 | −1.32 | −1.16 |
| 14 | 兵 庫 県 | −0.55 | −0.60 | 30 | 富 山 県 | −0.87 | −0.91 | 46 | 青 森 県 | −1.39 | −1.35 |
| 15 | 熊 本 県 | −0.57 | −0.58 | 30 | 香 川 県 | −0.87 | −0.84 | 47 | 秋 田 県 | −1.59 | −1.52 |

注）　人口増減率（%）＝ $\frac{人口増減（前年10月〜当年9月）}{前年10月１日現在人口}$ ×100

　　　人口増減＝自然増減＋社会増減

出典：総務省「人口推計　2022年（令和４年）10月１日現在」2023年

第 3 節　認定こども園等の状況

## 1　保育ニーズの変化について

　これまで女性の就業率の増加に連動して保育ニーズも上昇してきたが、コロナ禍で一時的に落ち込んでいた。しかし、少子化の加速とも相まって、待機児童解消加速化プラン以降保育の受け皿の増加により待機児童についてはかなりの速さで減少しつつある。女性の就業率の伸びも80％近くとなり、今後は利用児童数の伸びも鈍化するものと考えられる。

図 2-21 保育所の利用児童数等の推移

出典：こども家庭庁「保育所等関連状況取りまとめ（令和5年4月1日）及び「新子育て安心プラン」集計結果─概要資料」（2023年9月1日）を一部改変

## 2　幼稚園、保育園、認定こども園の状況について

　2015（平成27）年度に施行された子ども・子育て支援新制度以降、保育施設等の数、利用児童数とも増加してきていたが、施設数においては、2023（令和5）年度には、保育所23806か所、幼稚園8837か所、こども園9770か所で、幼稚園数と認定こども園数が逆転している。また認定こども園の施設類型中では幼保連携型認定こども園が最も多くなっている。

## 図 2 -22 幼稚園・幼保連携型認定こども園・保育所の施設数の推移

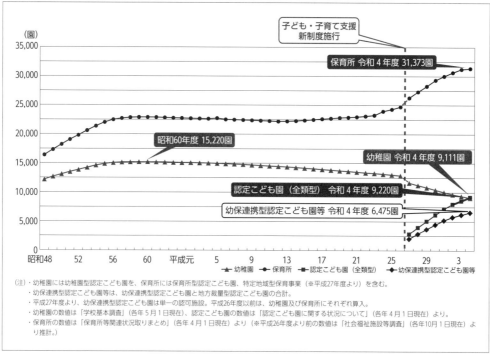

## 図 2 -23 認定こども園数の推移

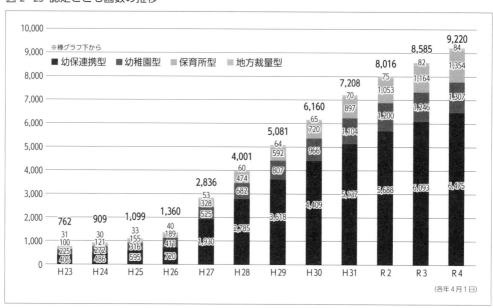

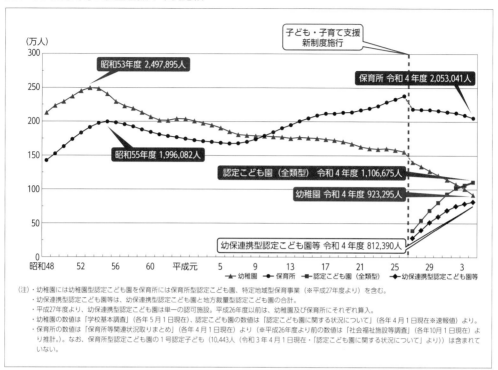

図 2-24 保育所等の在園者数の年次比較

（注）・幼稚園には幼稚園型認定こども園を保育所には保育所型認定こども園、特定地域型保育事業（※平成27年度より）を含む。
　　　・幼保連携型認定こども園等は、幼保連携型認定こども園と地方裁量型認定こども園の合計。
　　　・平成27年度より、幼保連携型認定こども園は単一の認可施設。平成26年度以前は、幼稚園及び保育所にそれぞれ算入。
　　　・幼稚園の数値は「学校基本調査」（各年5月1日現在）、認定こども園の数値は「認定こども園に関する状況について」（各年4月1日現在※速報値）より。
　　　・保育所の数値は「保育所等関連状況取りまとめ」（各年4月1日現在）より（※平成26年度より前の数値は「社会福祉施設等調査」（各年10月1日現在）より推計。）。なお、保育所型認定こども園の1号認定子ども（10,443人（令和3年4月1日現在・「認定こども園に関する状況について」より））は含まれていない。

出典：こども家庭庁「令和5年度全国保育士養成セミナー　こども家庭庁における保育行政の動向と課題」（2023年9月2日）を一部改変

　在園者数については、保育所、幼稚園が2015（平成27）年度から減少し認定こども園が増加傾向にあり、施設数と同様に利用児童数も幼稚園とこども園が逆転している。コロナ禍以降利用児童数、特に乳児の希望者が減少しているという声が各地から聞こえており、出生数の減少の影響で全体に減少している。

　幼稚園は園数、園児数ともに減少し、保育所も児童数が減少傾向にあるのに対して、認定こども園については、施設数、利用児童数ともに増加し続けており、2015年度の新制度の導入により幼稚園・保育園から認定こども園への移行が進んでいることがうかがえる。今後、幼稚園や保育所から生き残りをかけて認定こども園への移行を目指そうとする施設が増えると考えられるが、地方自治体によっては認定こども園への移行に対して抑制的な姿勢のところも少なくないだけに、今後の移行動向が注目される。

　待機児童と保育所利用率の関係では、少子化の影響による待機児童の減少と利用率の上昇が同時に進行してきたが、併せて保育所等の定員が増加する一方、利用児童の減少により待機児童の解消が進み、今後は、利用児童数の減少が進むとともに、定員割れの園がますます増加してくることが予想される。

　全国的に待機児童については減少傾向ではあるが、大都市圏および周辺地域へ集中している傾向には変わりがなく、待機児童への対応は一部の都市部で必要とされており、次年度以降も予算措置されているが、少子化が急速に進んでいることから需要と供給のミスマッチが

## 図 2 -25 保育所等定員数および利用児童数の推移

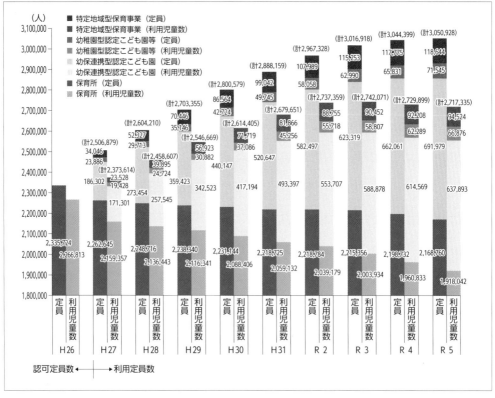

出典：こども家庭庁「保育所等関連状況取りまとめ（令和 5 年 4 月 1 日）」2023年

## 図 2 -26 保育所等待機児童数および保育所等の利用率の推移

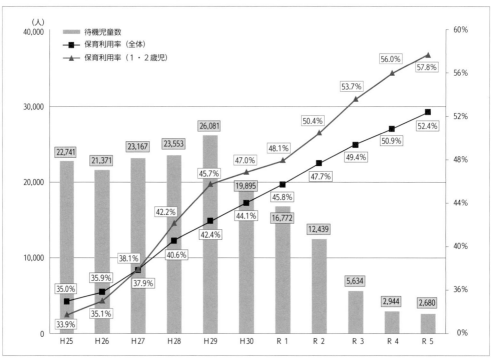

出典：こども家庭庁「保育所等関連状況取りまとめ（令和 5 年 4 月 1 日）」2023年

進み、待機児童が解消から定員割れの状況に変化していくと考えられる。また待機児童の要因として、園の職員不足もあり、人材の確保や保育者が働きやすい環境づくりも必要とされる。

　今後特別な配慮が必要な子どもや医療的ケア児の受け入れなど、より専門性の高い保育ニーズにも対応していくことが求められてくるのではないか。

　また、先に述べた女性の就業率の上昇についても、都道府県別の35〜39歳の女性の労働力率の分布をみると、人口減少が進んでいる地方では80％を超える地域も多くあり、保育需要

図 2-27 令和 5 年 4 月 1 日 全国待機児童マップ（都道府県別）

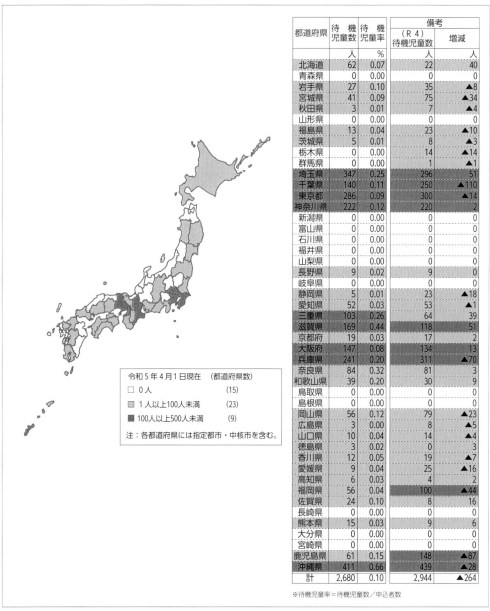

| 都道府県 | 待機児童数 | 待機児童率 | 備考（R4）待機児童数 | 増減 |
|---|---|---|---|---|
| | 人 | % | 人 | 人 |
| 北海道 | 62 | 0.07 | 22 | 40 |
| 青森県 | 0 | 0.00 | 0 | 0 |
| 岩手県 | 27 | 0.10 | 35 | ▲8 |
| 宮城県 | 41 | 0.09 | 75 | ▲34 |
| 秋田県 | 3 | 0.01 | 7 | ▲4 |
| 山形県 | 0 | 0.00 | 0 | 0 |
| 福島県 | 13 | 0.04 | 23 | ▲10 |
| 茨城県 | 5 | 0.01 | 8 | ▲3 |
| 栃木県 | 0 | 0.00 | 14 | ▲14 |
| 群馬県 | 0 | 0.00 | 1 | ▲1 |
| 埼玉県 | 347 | 0.25 | 296 | 51 |
| 千葉県 | 140 | 0.11 | 250 | ▲110 |
| 東京都 | 286 | 0.09 | 300 | ▲14 |
| 神奈川県 | 222 | 0.12 | 220 | 2 |
| 新潟県 | 0 | 0.00 | 0 | 0 |
| 富山県 | 0 | 0.00 | 0 | 0 |
| 石川県 | 0 | 0.00 | 0 | 0 |
| 福井県 | 0 | 0.00 | 0 | 0 |
| 山梨県 | 0 | 0.00 | 0 | 0 |
| 長野県 | 9 | 0.02 | 9 | 0 |
| 岐阜県 | 0 | 0.00 | 0 | 0 |
| 静岡県 | 5 | 0.01 | 23 | ▲18 |
| 愛知県 | 52 | 0.03 | 53 | ▲1 |
| 三重県 | 103 | 0.26 | 64 | 39 |
| 滋賀県 | 169 | 0.44 | 118 | 51 |
| 京都府 | 19 | 0.03 | 17 | 2 |
| 大阪府 | 147 | 0.08 | 134 | 13 |
| 兵庫県 | 241 | 0.20 | 311 | ▲70 |
| 奈良県 | 84 | 0.32 | 81 | 3 |
| 和歌山県 | 39 | 0.20 | 30 | 9 |
| 鳥取県 | 0 | 0.00 | 0 | 0 |
| 島根県 | 0 | 0.00 | 0 | 0 |
| 岡山県 | 56 | 0.12 | 79 | ▲23 |
| 広島県 | 3 | 0.00 | 8 | ▲5 |
| 山口県 | 10 | 0.04 | 14 | ▲4 |
| 徳島県 | 3 | 0.02 | 0 | 3 |
| 香川県 | 12 | 0.05 | 19 | ▲7 |
| 愛媛県 | 9 | 0.04 | 25 | ▲16 |
| 高知県 | 6 | 0.03 | 4 | 2 |
| 福岡県 | 56 | 0.04 | 100 | ▲44 |
| 佐賀県 | 24 | 0.07 | 8 | 16 |
| 長崎県 | 0 | 0.00 | 0 | 0 |
| 熊本県 | 15 | 0.03 | 9 | 6 |
| 大分県 | 0 | 0.00 | 0 | 0 |
| 宮崎県 | 0 | 0.00 | 0 | 0 |
| 鹿児島県 | 61 | 0.15 | 148 | ▲87 |
| 沖縄県 | 411 | 0.66 | 439 | ▲28 |
| 計 | 2,680 | 0.10 | 2,944 | ▲264 |

令和 5 年 4 月 1 日現在　（都道府県数）
□ 0 人　（15）
▨ 1 人以上100人未満　（23）
■ 100人以上500人未満　（9）
注：各都道府県には指定都市・中核市を含む。

※待機児童率＝待機児童数／申込者数

出典：こども家庭庁

図 2 -28 女性の労働力率分布（都道府県別）

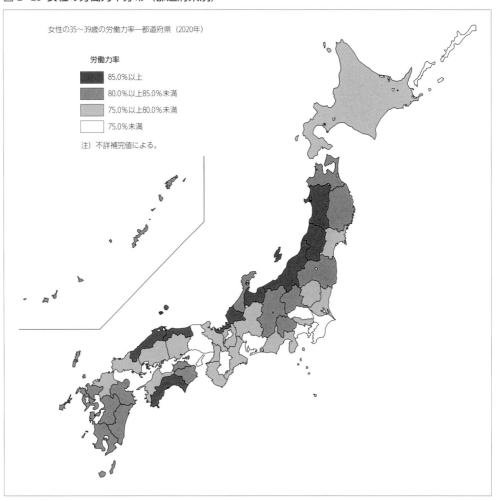

女性の35〜39歳の労働力率—都道府県（2020年）

労働力率
■ 85.0%以上
■ 80.0%以上85.0%未満
■ 75.0%以上80.0%未満
□ 75.0%未満

注）不詳補完値による。

出典：総務省「令和2年 国勢調査」2021年

が頭打ちの状況が推測され、少子化の影響を補っていた女性の社会参加による保育サービス
の利用ニーズも頭打ちになることが予想される。

## 3　まとめと考察

　少子高齢化の進行による人口減少が、認定こども園へもたらす影響は大きく2つあり、1
つは各地域における利用児童の減少と子育ての孤立化だと考えられる。2つめは長期的には
若年人口や労働力人口の減少、地域社会の弱体化を招き、社会経済の減速が認定こども園の
経営や法制度にネガティブな影響を与えていくことが考えられる。

　しかし、こうしたネガティブな状況に一喜一憂せず、客観的な視点をもって、地域社会の
今後の課題に向き合いながら、地域社会に必要とされる社会資源としての認定こども園の役
割を果たし、子ども中心の社会基盤として進化していくことが求められている。

　特に、地方都市では、その影響が顕著になることが予想され、子育て世代の女性が働き手になり、地域社会に出ていくことで、子育ての負担感が高まる負の連鎖にならないよう、子どもと家族が生き生きと育ち魅力ある地域をつくることが、人口減少や都市部への流出を減速させる手立てである。そのためにも、未来志向の認定こども園として、地域のなかで子育てやコミュニティの支援、さらには行政と連携した少子化対策の推進など、私たちがまだまだ取り組めることがあるのではないだろうか。

　産休・育休の制度が充実してくるなか、地域には未就園の子どもがいて、その保護者は育児・子育てと家庭生活の両立に負担を感じ支援を求めている。3歳未満児の就園率は6割であり在宅で孤立化して子育てに不安を感じる保護者も多くいることが予測される。今後、こども誰でも通園制度などそういった保護者へアプローチする施策も導入されようとしているが、認定こども園としては、受け身ではなく在宅の保護者へのアプローチも必要ではないか。

　働く女性が増えている社会のなかで、就労しながら子どもを育てることが当たり前になりつつあり、ほとんどの児童が就学までに保育施設等を利用している。しかし、そこに負担を感じている保護者が多いことも事実であり、私たちにできる子育て支援の機能を地域の就園

図2-29 保育園・幼稚園等の年齢別利用者数および未就園児の割合（令和3年度）

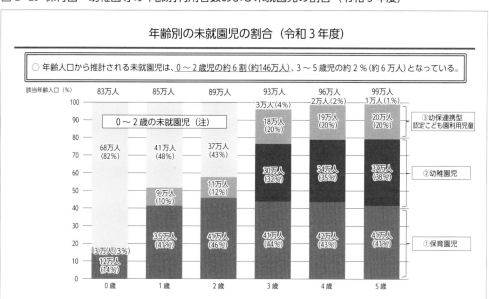

（注）各年齢の人口から①〜③を差し引いた推計。企業主導型保育事業や認可外保育施設を利用している児童を含むことに留意が必要。
※該当年齢人口は総務省統計局による人口推計年報（令和3年10月1日現在）より。なお、各年齢の数値は、人口推計年報における当該年齢と当該年齢より1歳上の年齢の数値を合計し、2で除して算出したもの。
※幼保連携型認定こども園の数値は令和3年度「認定こども園に関する状況調査」（令和3年4月1日現在）より。
※「幼稚園」には特別支援学校幼稚部、幼稚園型認定こども園も含む。数値は令和3年度「学校基本調査」（確定値、令和3年5月1日現在）より。
※保育所の数値は「待機児童数調査」（令和3年4月1日現在）より。なお、「保育所」には地方裁量型認定こども園、保育所型認定こども園、特定地域型保育事業も含む。4歳と5歳の数値については、「待機児童数調査」の4歳以上の数値を「社会福祉施設等調査」（令和2年10月1日現在）の年齢別の保育所、保育所型認定こども園、地域型保育事業所の利用者数比により按分したもの。
※「就園していない児童」は、該当年齢人口から幼稚園在園者数、保育所在園者数及び、幼保連携型認定こども園在園者数を差し引いて推計したものである。このため、企業主導型保育事業や認可外保育施設を利用する児童を含む。
※四捨五入の関係により、合計が合わない場合がある。

出典：こども未来戦略会議（第3回）『小倉内閣府特命担当大臣（こども政策 少子化政策 若者活躍 男女共同参画）提出資料』資料2（令和5年5月17日）内閣府

前家庭へ広げていくことで、産前産後から子どもが育つ環境がより充実していくのではないかと考えられる。

　また、こども未来戦略に記されているように、若い世代が未来を描けないこと、子育てと仕事の両立が難しいことや経済的な負担を政策課題として、こども家庭庁は方針、施策を進めようとしている。今後国の財源の確保策、企業の働き手の確保や働き方改革など社会的な状況が変化していくなかで、これからの園経営を社会変化に対応させどのように変革していくか、私たち認定こども園は、これまで地域における子ども・子育て家庭支援の基盤になるべく、子どもの育ちを担う中核的な施設として、保育の価値を高めてきた。今後は、子どもとその家庭を支えるだけではなく、地域社会のなかで子どもが育つ環境を整えることで子どもを育てやすい地域をつくり、若い世代の人たちが、結婚や出産を希望する風土を醸成していかなければならない。人口減少社会の進行を防ぐことは難しいが、その先を見据えて地域社会が持続可能な状況をつくるべく、認定こども園がその中核となるように取り組んでいく必要がある。

　全国認定こども園協会として、今後も必要なデータや成果を集め、次世代を担う子どもたちの育ちを支える認定こども園として成長していくべく、より積極的な活動が必要である。

第 3 章

# 認定こども園をとりまく
# 諸施策や関係法令

# これまでの少子化対策と子ども関連法制度

## 1 少子化対策の歩み（少子化社会対策大綱以降）

### ⑴ 新たな大綱（第3次大綱）の策定（2015年3月〜2020年5月）

第3次となる新たな少子化社会対策大綱の策定に向けて、2014（平成26）年11月に内閣府特命担当大臣（少子化対策担当）の下、有識者による「新たな少子化社会対策大綱策定のための検討会」を発足させ、検討を進めた。同検討会は2015（平成27）年3月に提言を取りまとめ、これを受けて、政府では大綱の検討を行い、少子化社会対策会議を経て、同年3月20日に第3次少子化社会対策大綱を閣議決定した。

第3次大綱では、従来の少子化対策の枠組みを越えて、新たに結婚の支援を加え、子育て支援策の一層の充実、若い年齢での結婚・出産の希望の実現、多子世帯への一層の配慮、男女の働き方改革、地域の実情に即した取り組み強化という5つの重点課題を設けた。また、重点課題に加え、長期的視点に立って、きめ細かな少子化対策を総合的に推進することとした。

第3次大綱の策定を受け、2015年6月に内閣府特命担当大臣（少子化対策担当）の下、大綱が定める重点課題に関する取り組みを速やかに具体化し、実行に移すための道筋をつけるため、有識者による「少子化社会対策大綱の具体化に向けた結婚・子育て支援の重点的取組に関する検討会」を開催し、検討を行った。同検討会は同年8月に「提言」を取りまとめ、これを踏まえて地域における結婚に対する取り組みの支援や、少子化対策への社会全体の機運醸成等の具体的施策が行われた。

### ⑵ 子ども・子育て支援新制度の施行（2015年4月〜）

2012（平成24）年に成立した子ども・子育て関連3法（※）に基づく「子ども・子育て支援新制度」（以下「新制度」）が、2015年4月1日から本格施行された。

※「子ども・子育て支援法」（平成24年法律第65号）、「就学前の子どもに関する教育、保育等の総合的な提供の推進に関する法律の一部を改正する法律」（同第66号）、「子ども・子育て支援法及び就学前の子どもに関する教育、保育等の総合的な提供の推進に関する法律の一部を改正する法律の施行に伴う関係法律の整備等に関する法律」（同第67号）をいう。

### ⑶ 子ども・子育て本部の設置（2015年4月〜）

2015年4月の「子ども・子育て支援新制度」施行に合わせて、内閣府に特命担当大臣（少子化対策担当）を本部長とし、少子化対策および子ども・子育て支援の企画立案・総合調

整、ならびに「少子化社会対策大綱」の推進や新制度の施行を行うための新たな組織である「子ども・子育て本部」を設置した。

### ⑷ 認定こども園制度の改善（2015年4月〜）

　新制度施行に伴い、認定こども園制度の改善が図られた。具体的には、幼保連携型認定こども園について、旧来の幼稚園認可、保育所認可をなくして、新たな単一の認可施設とし、認可・指導監督の一本化や学校および児童福祉施設としての法的位置づけがなされた。

　また、新制度によって、認定こども園、幼稚園、保育所を通じた共通の給付（「施設型給付」）および小規模保育等への給付（「地域型保育給付」）が創設され、今まで幼・保で別々であった財政措置が一元化された。これによって、認定こども園に関しては、幼保連携型、幼稚園型、保育所型、地方裁量型といった類型の違いにかかわらず同じ財政措置がなされることになった。こうした改善に伴い、人口減少地域・大都市それぞれの地域の実情に応じた展開が可能となった。

### ⑸ 子ども・子育て支援法の改正（2016年4月〜）

　2016（平成28）年通常国会において、子ども・子育て支援提供体制の充実を図るため、新たに企業主導型保育事業が創設された。これは、事業所内保育施設に対する施設設備整備や運営費の助成を行う事業であり、その財源は企業等の一般事業主から徴収する子ども・子育て拠出金を充てることとした。それには、子ども・子育て拠出金の率の上限を引き上げる必要があり、そのための子ども・子育て支援法の一部改正が行われ、同年4月に施行された。

### ⑹ ニッポン一億総活躍プランの策定（2016年6月〜）

　2015年10月から、「夢をつむぐ子育て支援」などの「新・三本の矢」の実現を目的とする「一億総活躍社会」実現に向けたプランの策定等に係る審議に資するため、内閣総理大臣を議長とする「一億総活躍国民会議」が開催された。同会議は2016年5月、「ニッポン一億総活躍プラン」を取りまとめ、同年6月2日に閣議決定された。

　同プランにおいては、経済成長の隘路である少子高齢化に正面から立ち向かうこととし、「希望出生率1.8」の実現に向けて若者の雇用安定・待遇改善、多様な保育サービスの充実、働き方改革の推進、希望する教育を受けることを阻む制約の克服等の対応策を掲げ、2016年度から2025（令和7）年度の10年間のロードマップを示した。

### ⑺ 「子育て安心プラン」の公表（2017年6月〜 2021年3月）

　25歳から44歳の女性就業率が上昇し、それに相関して保育の利用申込みも伸びることが見込まれることから、2017（平成29）年6月に「子育て安心プラン」を策定し、2018（平成30）年度から2022（令和4）年度末までに女性就業率80％にも対応できる32万人分の保育の受け皿を整備することとした。また、2017年12月に閣議決定された「新しい経済政策パッケージ」では、これを前倒しし、2020（令和2）年度末までに32万人分の受け皿整備を行う

こととした。

## ⑻ 「新しい経済政策パッケージ」の策定（2017年12月〜）

　少子高齢化という最大の壁に立ち向かうため、政府は2017年12月8日、「人づくり革命」と「生産性革命」を車の両輪とする「新しい経済政策パッケージ」を閣議決定した。

　このうち、「人づくり革命」については、幼児教育の無償化、待機児童の解消、高等教育の無償化など2兆円規模の政策を盛り込み、子育て世代や子どもたちに大胆に資源を投入することで、社会保障制度を全世代型へと改革することとした。

　また、これらの施策の安定財源として、消費税率10％への引上げ（2019（令和元）年10月〜）による財源を活用するとともに、企業主導型保育事業等に充てる子ども・子育て拠出金を0.3兆円増額することとした。

## ⑼ 子ども・子育て支援法の改正（2018年4月〜）

　2018年通常国会において、保育需要の増大等に対応するため、一般事業主から徴収する子ども・子育て拠出金の率の上限を引き上げるとともに、当該拠出金を子どものための教育・保育給付の費用の一部（0〜2歳児相当分の保育運営費）に充てることとするなど、子ども・子育て支援法の改正を行い、同年4月に施行された。

## ⑽ 無償化に向けた子ども・子育て支援法等の改正（2019年5月〜）

　「新しい経済政策パッケージ」（2017年12月8日閣議決定）の決定に基づく幼児教育・保育の無償化の実施に向けて、2019年通常国会において「子ども・子育て支援法の一部を改正する法律」（令和元年法律第7号）および「大学等における修学の支援に関する法律」（令和元年法律第8号）が成立した。

　これを受けて、幼児教育・保育の無償化（2019年10月〜）および低所得者世帯に対する高等教育の修学支援新制度（2020年4月〜）が実施された。なお、これらの実施にあたっては、消費税率10％への引上げ（2019年10月〜）による財源を活用している。

## ⑾ 第2期「まち・ひと・しごと創生総合戦略」の策定（2019年12月〜）

　政府は2019年12月20日、「まち・ひと・しごと創生長期ビジョン（令和元年改訂版）」および5年間（2020〜2024（令和6）年度）の目標や施策の方向性等を定めた「第2期『まち・ひと・しごと創生総合戦略』」を閣議決定した。将来にわたって「活力ある地域社会」の実現と「東京圏への一極集中」の是正をともに目指すため、「結婚・出産・子育ての希望をかなえる」を含む4つの基本目標と2つの横断的な目標のもとに、地方創生施策の更なる充実・強化を目指している。

## ⑿ 新たな大綱（第4次大綱）の策定と推進（2020年5月〜）

　第4次となる新たな大綱の策定に向けて、2019年2月に内閣府特命担当大臣（少子化対策

図3-1　第4次少子化社会対策大綱のポイント

**少子化社会対策大綱のポイント**

◆新たな「少子化社会対策大綱」を、令和2年5月29日に閣議決定。
◆基本的な目標として「希望出生率1.8」の実現を掲げ、目標実現のための具体的な道筋を示す狙い。

**背景**
● 2019年の出生数は86万5,239人と過去最少（「86万ショック」）
● 少子化の進行は、人口の減少と高齢化を通じて社会経済に多大な影響を及ぼす、国民共通の困難
● 少子化の背景にある、個々人の結婚や出産、子育ての希望の実現を阻む隘路の打破に強力に取り組む必要

**主な施策**
● 「希望出生率1.8」の実現に向けて、ライフステージに応じた総合的な少子化対策を大胆に進める

| 【結婚しない理由】 男女とも「適当な相手にめぐり会わない」が最多 | 【理想の子供数を持たない理由（理想1人）】 欲しいけれどもできないから（74.0%） 高年齢で生むのはいやだから（39.0%） | 【夫の休日の家事・育児時間別にみた第2子以降の出生割合】 家事・育児時間なし：10.0% 6時間以上：87.1% | 【理想の子供数を持たない理由（理想3人）】 子育てや教育にお金がかかりすぎるから（69.8%） |

**結婚支援**
地方公共団体が行う総合的な結婚支援の一層の取組を支援
結婚に伴う新生活のスタートアップに係る経済的負担を軽減

**妊娠・出産への支援**
＜不妊治療＞
不妊治療の費用助成を行うとともに、適応症と効果が明らかな治療には広く医療保険の適用を検討し、支援を拡充
＜切れ目のない支援＞
産後ケア事業の充実等

**仕事と子育ての両立**
＜男性の家事・育児参画促進＞
男性の育休取得率30%目標に向けた総合的な取組の推進
＜育児休業給付＞
上記取組の推進状況を踏まえ、中長期的な観点から、その充実を含め、効果的な制度の在り方を総合的に検討
＜待機児童解消＞
保育の受け皿確保

**地域・社会による子育て支援**
保護者の就業の有無等にかかわらず多様なニーズに応じて、全ての子育て家庭が、それぞれが必要とする支援にアクセスでき、安全かつ安心して子供を育てられる環境を整備

**経済的支援**
＜児童手当＞
財源確保の具体的な方策と併せて、子供の数や所得水準に応じた効果的な給付の在り方を検討
＜高等教育の修学支援＞
多子世帯に更に配慮した制度の充実を検討
＜幼児教育・保育の無償化＞
2019年10月からの無償化を着実に実施

● 更に強力に少子化対策を推し進めるために必要な安定財源の確保について、国民各層の理解を得ながら、社会全体での費用負担の在り方を含め、幅広く検討を進める

**新型コロナウイルス**
● 新型コロナウイルスの流行は、安心して子供を生み育てられる環境整備の重要性を改めて浮き彫りにした
● 非常時の対応にも留意しながら、事態の収束後に見込まれる社会経済や国民生活の変容も見通しつつ、総合的な少子化対策を進める

出典：こども政策推進会議（第1回）「少子化社会対策大綱、子供・若者育成支援推進大綱、子供の貧困対策に関する大綱の概要」参考資料4（令和5年4月18日）こども家庭庁

担当）の下、有識者による「第4次少子化社会対策大綱策定のための検討会」を発足させた。同検討会は2019年12月に提言を取りまとめ、この提言を受けて政府は大綱の検討を行い、少子化社会対策会議を経て、2020年5月29日に第4次となる新たな「少子化社会対策大綱」を閣議決定した。

第4次大綱は、「希望出生率1.8」を実現するため、「結婚・子育て世代が将来にわたる展望を描ける環境をつくる」「多様化する子育て家庭の様々なニーズに応える」「地域の実情に応じたきめ細かな取組を進める」「結婚、妊娠・出産、子供・子育てに温かい社会をつくる」「科学技術の成果など新たなリソースを積極的に活用する」という5つの基本的な考え方に基づき、当事者目線の少子化対策を進めていくこととしている。

また、新型コロナウイルス感染症の拡大は、結婚、妊娠・出産、子育ての当事者にも多大な影響を与えており、安心して子どもを生み育てられる環境を整備することの重要性を改めて浮き彫りにした。このため、今後も事態の推移を見極め、必要に応じて柔軟に対応するとともに、事態の収束後に見込まれる社会経済や国民生活の変容も見通しつつ、総合的な少子化対策を進めていくこととしている。

第4次大綱では、大綱に基づく施策の効果的な推進を図り、より実効性のある少子化対策

を進めるため、施策の進捗状況等を検証・評価し、必要な見直しにつなげるPDCAサイクルを適切に回していくこととしている。

### ⑬「全世代型社会保障改革の方針」の策定（2020年12月〜）

2019年9月から、内閣総理大臣を議長とする「全世代型社会保障検討会議」が開催された。同会議では、人生100年時代の到来を見据えながら、高齢者だけでなく子ども、子育て世代、さらには現役世代まで広く安心を支えていくため、年金、労働、医療、介護、少子化対策など、社会保障全般にわたる持続可能な改革について検討が行われ、2019年12月に中間報告、2020年6月に第2次中間報告、同年12月に「全世代型社会保障改革の方針」が取りまとめられ、同年12月15日に閣議決定された。

「全世代型社会保障改革の方針」では、長年の課題である少子化対策を大きく前に進めるため、不妊治療への保険適用の早急な実現、待機児童の解消に向けた新たな計画の策定、男性の育児休業の取得促進といった対策が示された。

また、待機児童の解消を目指し、女性就業率の上昇を踏まえた保育の受け皿整備、幼稚園やベビーシッターを含めた地域の子育て資源の活用を進めるため、2020年末までに「新子育て安心プラン」を取りまとめることとした。

新子育て安心プランの財源については、社会全体で子育てを支援していくとの大きな方向性のなかで、公費に加えて経済界に協力を求めることにより安定的な財源を確保することとした。その際、児童手当については、「第4次少子化社会対策大綱」（2020年5月29日閣議決定）等に基づき、高所得の主たる生計維持者（子ども2人と年収103万円以下の配偶者の場合で年収1200万円以上の者）を特例給付の対象外とし、2022年10月支給分から適用することとした。

これらを踏まえ、2020年12月に「新子育て安心プラン」を公表するとともに、2021（令和3）年通常国会に「子ども・子育て支援法及び児童手当法の一部を改正する法律案」を提出し、同年5月に成立した。

### ⑭「新子育て安心プラン」の公表（2020年12月〜）

厚生労働省は2020年12月、「新子育て安心プラン」を取りまとめた。同プランでは、2021年度から2024年度末までの4年間で約14万人分の保育の受け皿を整備するほか、①地域の特性に応じた支援、②魅力向上を通じた保育士の確保、③地域のあらゆる子育て資源の活用を柱として、各種取り組みを推進することにより、できるだけ早く待機児童の解消を目指すとともに、女性（25歳〜44歳）の就業率の上昇に対応することとしている。

### ⑮ 子ども・子育て支援法及び児童手当法の一部を改正する法律の成立（2021年5月）

2021年通常国会において、総合的な少子化対策を推進する一環として、保育の需要の増大等に対応し、子ども・子育て支援の効果的な実施を図るため、満3歳未満児相当分の保育所等運営費のうち一般事業主から徴収する拠出金を充てることができる割合の引き上げ等を行

うとともに、児童手当の特例給付の対象者のうちその所得の額が一定の額以上の者を支給対象外とするなどの措置を講ずることを定めた「子ども・子育て支援法及び児童手当法の一部を改正する法律」（令和３年法律第50号）が成立した。

### ⑯ こども家庭庁設置に向けた検討（2021年６月〜）

「経済財政運営と改革の基本方針2021」（2021年６月18日閣議決定）に基づき、子どもを産み育てやすい環境の整備を加速化するとともに、子どもの命や安全を守る施策を強化し、子どもの視点に立って、子どもをめぐる様々な課題に適切に対応するためのこども政策の方向性について検討を行うこととされた。

これを受け、こども政策の推進に係る作業部会を開催し、行政組織の検討を進めた。こども政策の方向性については、「こども政策の推進に係る有識者会議」を2021年９月から５回にわたり開催し、同年11月に報告書が取りまとめられた。これらを踏まえ、「こども政策の新たな推進体制に関する基本方針」を同年12月に閣議決定した。

基本方針では、「常にこどもの最善の利益を第一に考え、こどもに関する取組・政策を我が国社会の真ん中に据えて（「こどもまんなか社会」という。）、こどもの視点で、こどもを取り巻くあらゆる環境を視野に入れ、こどもの権利を保障し、こどもを誰一人取り残さず、健やかな成長を社会全体で後押しする」ための新たな司令塔として、こども家庭庁を創設することが盛り込まれた。

この基本方針に沿って、こども家庭庁においては、これまで内閣府や厚生労働省等に分散していたこども政策の司令塔機能を一本化し、各省庁より一段高い立場から、少子化対策を含むこども政策について一元的に企画・立案・総合調整を行うこととされている。また、結婚支援、妊娠前の支援、妊娠・出産の支援、母子保健、子育て支援、子どもの居場所づくり、困難な状況にあるこどもの支援などの事務を集約して、自ら実施することとするなど、少子化対策を含むこども政策をさらに強力に進めていくこととされている。

これらを踏まえ、2022年通常国会で、内閣府の外局としてこども家庭庁を設置することなどを内容とする「こども家庭庁設置法」等が2022年６月15日成立した。

### ⑰ こども未来戦略会議の設置（2023年４月〜）

「次元の異なる少子化対策」を標榜する岸田内閣では、こども・子育て政策の強化を図るためには、幅広い関係者の知見を踏まえ、必要となる施策の内容、予算、財源について総合的に検討を深める必要があるとして、2023（令和５）年４月に政府の全世代型社会保障構築本部の下に「こども未来戦略会議」が設置された。

この会議は、内閣総理大臣が議長を務め、「こども・子育て政策に係る関係閣僚、有識者、子育ての当事者・関係者、さらには関係団体の参画」を得て、「こども・子育て政策の強化について、具体的な施策の内容、予算、財源の在り方について検討する」こととされている。

同会議は「こども未来戦略方針」を取りまとめ、同年６月13日に閣議決定された。そこで

は、同方針が目指す「次元の異なる少子化対策」の中心として、今後3年間に集中的に取り組む「こども・子育て支援加速化プラン」が示された。

このプランの施策の柱には、児童手当の拡充をはじめとした経済的支援の強化や、幼児教育・保育の質の向上やすべての子育て家庭を対象とした保育の拡充、男性の育休取得促進などの共働き・共育ての推進などが挙げられている。

このうち、幼児教育・保育の質の向上に関しては、1歳児を6：1から5：1へ、4・5歳児を30：1から25：1へと改善することや、保育士等のさらなる処遇改善を検討することなどが盛り込まれた。

また、すべての子育て家庭を対象とした保育の拡充では、「こども誰でも通園制度（仮称）」の創設を掲げ、「速やかに全国的な制度とすべく、本年度中に未就園児のモデル事業を更に拡充させ、2024年度からは制度の本格実施を見据えた形で実施する」とした。

ただ、肝心の財源確保については、「歳出改革等による財源確保」に加え、「企業を含め社会・経済の参加者全員が連帯し、公平な立場で、広く負担していく新たな枠組み」として「支援金制度（仮称）」の構築を挙げたものの、「その詳細について年末に結論を出す」として、この時点では具体的な確保策について明言しなかった（その後、2023年12月に「こども未来戦略」が閣議決定された。詳細は第1章の015頁参照）。

表3-1　子ども・子育て支援新制度の財源確保について

---

1．子ども・子育て支援法（平成24年法律第65号）抜粋
　　附則
　（財源の確保）
　第三条　政府は、教育・保育その他の子ども・子育て支援の量的質的拡充及び質の向上を図るための安定した財源の確保に努めるものとする。

2．子ども・子育て関連3法案に対する附帯決議（抜粋）
（平成24年8月10日参議院　社会保障と税の一体改革に関する特別委員会）
　十五　幼児教育・保育・子育て支援の質・量の充実を図るためには、1兆円超程度の財源が必要であり、今回の消費税率の引上げにより確保する0.7兆円程度以外の0.3兆円超について、速やかに確保の道筋を示すとともに、今後の各年度の予算編成において、財源の確保に最大限努力するものとすること。

3．社会保障制度改革国民会議報告書（平成25年8月6日）（抜粋）
　3　次世代育成支援を核とした新たな全世代での支え合いを
　（1）取り組みの着実な推進のための財源確保と人材確保
　（略）子ども・子育て支援新制度に即した、積極的かつ着実な推進が必要であるが、そのためには財源確保が欠かせない。とりわけ子ども・子育て支援は未来社会への投資であり、量的な拡充のみならず質の改善が不可欠である。そのため今般の消費税引き上げによる財源（0.7兆円）では足りず、附帯決議された0.3兆円超の確保を今後図っていく必要がある。

4．経済財政運営と改革の基本方針2016（平成28年6月2日）（抜粋）
　1．結婚・出産・子育ての希望、働く希望、学ぶ希望の実現
　(2) 子ども・子育て支援、子どもの貧困対策等
　　（略）「子ども・子育て支援新制度」を着実に実施し、<u>本制度に基づく幼児教育・保育・子育て支援の「量的拡充」及び「質の向上」に消費税増収分を優先的に充てる。また、更なる「質の向上」を図るため、消費税分以外も含め適切に確保していく。</u>

5．経済財政運営と改革の基本方針2019（令和元年6月21日）（抜粋）
　2．人づくり革命、働き方改革、所得向上策の推進
　(1) 少子高齢化に対応した人づくり革命の推進
　　⑦ 少子化対策、子ども・子育て支援
　　　結婚支援を引き続き推進するとともに、社会全体で子育てを支えるため、通勤時間の短縮やテレワークの推進、地域や家庭における子育ての担い手の多様化などの取組による、総合的な子育て環境の整備を図り、少子化対策を強化する。これにより「希望出生率1.8」の実現を目指す。
　　　<u>子ども・子育て支援の更なる「質の向上」を図るため、消費税分以外も含め、適切に財源を確保していく。</u>子ども・子育て支援新制度の見直しに係る検討を進める。「新・放課後子ども総合プラン」に基づき、2023年度末までに放課後児童クラブの約30万人分の更なる受け皿整備等を進める。なお、共働き世帯の増加や児童期の多様な学びの必要性の高まりを踏まえ、2019年中に、放課後児童クラブに期待される様々な役割を把握するための実態調査を行う。
6．経済財政運営と改革の基本方針2023（令和5年6月）
　　「加速する新しい資本主義～未来への投資の拡大と構造的賃上げの実現～」をテーマに掲げた「経済財政運営と改革の基本方針2023」（骨太方針2023）が令和5年6月16日、経済財政諮問会議での答申を経て、閣議決定された。
　　そこでは、少子化傾向の反転に向けた「少子化対策・こども政策の抜本強化」として、加速化プランの推進が改めて明記された。具体的には、「こども未来戦略方針」（同年12月に「こども未来戦略」として閣議決定）に基づき、今後「加速化プラン」の3年間の集中取組期間において、「ライフステージを通じた子育てに係る経済的支援の強化や若い世代の所得向上に向けた取組」「全てのこども・子育て世帯を対象とする支援の拡充」「共働き・共育ての推進」を目指すとともに、「加速化プラン」を支える安定的な財源の確保を進めつつ、こうした具体的政策に実効性をもたせる「こども・子育てにやさしい社会づくりのための意識改革」に向けて、政府を挙げて取り組んでいくことが謳われた。
　　肝心の財源については、こども・子育て予算倍増に向けて、「加速化プラン」の効果の検証を行いながら、政策の内容・予算をさらに検討し、こども家庭庁予算ベースで、2030年代初頭までに国の予算の倍増を目指すとした。ただし、その財源については、「今後更に政策の内容を検討し、内容に応じて、社会全体でどう支えるかさらに検討する」と述べるにとどまった。
　　このほか、骨太方針2023では、「こども基本法に基づき、幅広いこども施策に関する今後5年程度を見据えた中長期の基本的な方針や重要事項を一元的に定めるこども大綱を年内を目途に策定」することや、「こどもや若者の権利を保障し、国や地方公共団体の政策決定プロセスへのこどもや若者の参画、意見の反映促進、健やかな成長を社会全体で後押ししていく」ため、「幼児期までのこどもの育ちに係る基本的な指針（仮称）」（同年12月に「幼児期までのこどもの育ちに係る基本的なビジョン」として閣議決定）を策定し、全てのこどもの育ちに係る質を保障する取組を強力に推進する」ことなども盛り込まれた。

※経済財政運営と改革の基本方針2020（令和2年7月17日閣議決定）においては、「『経済財政運営と改革の基本方針2019』（令和元年6月21日閣議決定）のうち、本基本方針に記載が無い項目についても、引き続き着実に実施する。」こととされている。

出典：内閣府子ども・子育て本部「子ども・子育て支援新制度について」2021年を一部改変

### ⒅ 児童福祉法の改正（2024年4月）

　虐待による重篤な死亡事例が後を絶たず、また2020年度には児童相談所の児童虐待相談対応件数が20万件を超えるなど、依然として子どもや保護者、家庭を取り巻く環境は厳しいものとなっている。例えば、子育てを行っている母親のうち約6割が、近所に「子どもを預かってくれる人はいない」といったように孤立した状況に置かれていることや、各種の地域子ども・子育て支援事業についても、支援を必要とする要支援児童等に十分に利用されておらず、子育て世帯の負担軽減等に対する効果が限定的なものとなっている。

　こうした子育てに困難を抱える世帯がこれまで以上に顕在化してきている状況等を踏まえ、児童等に対する家庭および養育環境の支援を強化し、児童の権利の擁護が図られた児童福祉施策を推進するため、要保護児童等への包括的かつ計画的な支援の実施の市町村業務への追加、市町村における児童福祉および母子保健に関し包括的な支援を行うこども家庭センターの設置の努力義務化、子ども家庭福祉分野の認定資格創設、市町村における子育て家庭への支援の充実等を内容とする「児童福祉法等の一部を改正する法律」が2022年6月8日に成立し、2024年4月1日（ただし、一部は公布後3年以内で政令で定める日、一部は公布後3月を経過した日、2023年4月1日または公布後2年以内で政令で定める日）から施行される。

### 図3-2　市区町村におけるマネジメントの強化

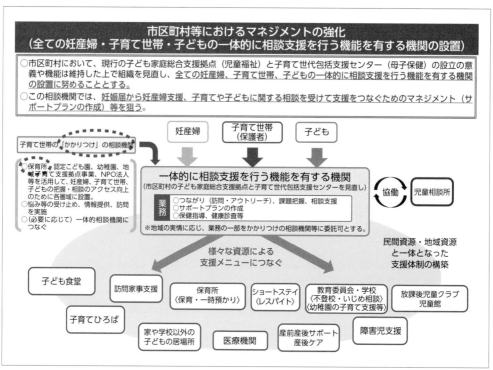

出典：こども家庭庁「令和5年度全国保育士養成セミナー　こども家庭庁における保育行政の動向と課題」（2023年9月2日）

図 3-3 少子化対策の流れ（2010年以降）

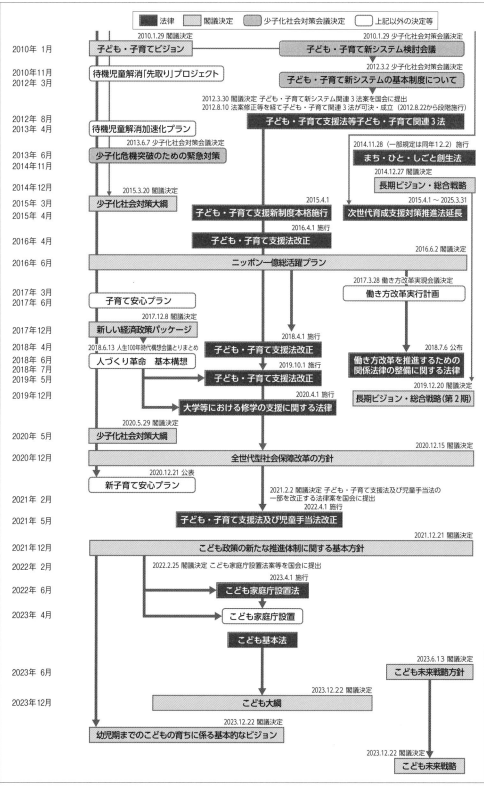

凡例：■ 法律　□ 閣議決定　▨ 少子化社会対策会議決定　□ 上記以外の決定等

|  |  |
|---|---|
| 2010年 1月 | 子ども・子育てビジョン（2010.1.29 閣議決定）／子ども・子育て新システム検討会議（2010.1.29 少子化社会対策会議決定） |
| 2010年11月 2012年 3月 | 待機児童解消「先取り」プロジェクト／子ども・子育て新システムの基本制度について（2012.3.2 少子化社会対策会議決定） |
| | 2012.3.30 閣議決定 子ども・子育て新システム関連3法案を国会に提出 2012.8.10 法案修正等を経て子ども・子育て関連3法が可決・成立（2012.8.22から段階施行） |
| 2012年 8月 2013年 4月 | 待機児童解消加速化プラン／子ども・子育て支援法等子ども・子育て関連3法 |
| 2013年 6月 2014年11月 | 少子化危機突破のための緊急対策（2013.6.7 少子化社会対策会議決定）／まち・ひと・しごと創生法（2014.11.28（一部規定は同年12.2）施行） |
| 2014年12月 | 長期ビジョン・総合戦略（2014.12.27 閣議決定） |
| 2015年 3月 2015年 4月 | 少子化社会対策大綱（2015.3.20 閣議決定）／子ども・子育て支援新制度本格施行（2015.4.1）／次世代育成支援対策推進法延長（2015.4.1〜2025.3.31） |
| 2016年 4月 | 子ども・子育て支援法改正（2016.4.1 施行） |
| 2016年 6月 | ニッポン一億総活躍プラン（2016.6.2 閣議決定） |
| 2017年 3月 2017年 6月 | 子育て安心プラン／働き方改革実行計画（2017.3.28 働き方改革実現会議決定） |
| 2017年12月 | 新しい経済政策パッケージ（2017.12.8 閣議決定） |
| 2018年 4月 | 子ども・子育て支援法改正（2018.4.1 施行） |
| 2018年 6月 2018年 7月 2019年 5月 | 人づくり革命　基本構想（2018.6.13 人生100年時代構想会議とりまとめ）／子ども・子育て支援法改正（2019.10.1 施行）／働き方改革を推進するための関係法律の整備に関する法律（2018.7.6 公布） |
| 2019年12月 | 大学等における修学の支援に関する法律（2020.4.1 施行）／長期ビジョン・総合戦略（第2期）（2019.12.20 閣議決定） |
| 2020年 5月 | 少子化社会対策大綱（2020.5.29 閣議決定） |
| 2020年12月 | 全世代型社会保障改革の方針（2020.12.15 閣議決定）／新子育て安心プラン（2020.12.21 公表） |
| 2021年 2月 | 2021.2.2 閣議決定 子ども・子育て支援法及び児童手当法の一部を改正する法律案を国会に提出 2022.4.1 施行 |
| 2021年 5月 | 子ども・子育て支援法及び児童手当法改正 |
| 2021年12月 | こども政策の新たな推進体制に関する基本方針（2021.12.21 閣議決定） |
| 2022年 2月 | 2022.2.25 閣議決定 こども家庭庁設置法案等を国会に提出 |
| 2022年 6月 | こども家庭庁設置法（2023.4.1 施行） |
| 2023年 4月 | こども家庭庁設置 |
| | こども基本法 |
| 2023年 6月 | こども未来戦略方針（2023.6.13 閣議決定） |
| 2023年12月 | こども大綱（2023.12.22 閣議決定）／幼児期までのこどもの育ちに係る基本的なビジョン（2023.12.22 閣議決定）／こども未来戦略（2023.12.22 閣議決定） |

出典：内閣府「令和4年版　少子化社会対策白書」2022年を一部改変。2009年以前については『認定こども園白書 2022』をご覧ください。

第3章　認定こども園をとりまく諸施策や関係法令

## 第2節　子ども・子育て支援新制度の概要と特徴

### 1　新制度について

　2015（平成27）年4月から本格施行された子ども・子育て支援新制度は、「保護者が子育てについての第一義的責任を有する」という基本的な認識のもとに、幼児期の学校教育・保育、地域の子ども・子育て支援を総合的に推進する仕組みとして創設された。この新制度の施行とともに、認定こども園制度の改善も図られ、その数も大幅に拡充していくことになる。

　第1節でも簡単に触れたが、新制度の具体的な仕組みとしては、①認定こども園、幼稚園、保育所を通じた共通の給付（「施設型給付」）および小規模保育等への給付（「地域型保育給付」）の創設、②認定こども園制度の改善、③地域の実情に応じた子ども・子育て支援の充実、を図ることとしている。実施主体は基礎自治体である市町村とされ、地域の実情等に応じて幼児期の学校教育・保育、地域の子ども・子育て支援に必要な給付・事業を計画的に実施していく。

図3-4　平成27年〜：子ども・子育て支援新制度の概要

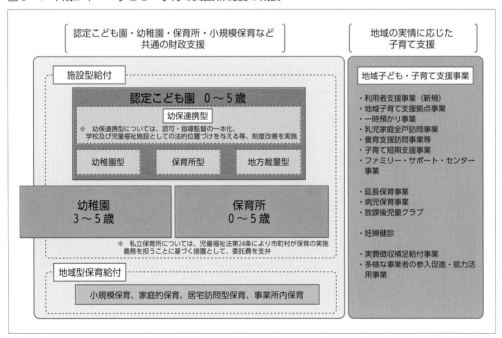

出典：内閣府子ども・子育て本部「子ども・子育て支援法及び児童手当法の一部を改正する法律案について」2015年

## 図3-5　平成28年〜：子ども・子育て支援新制度の概要

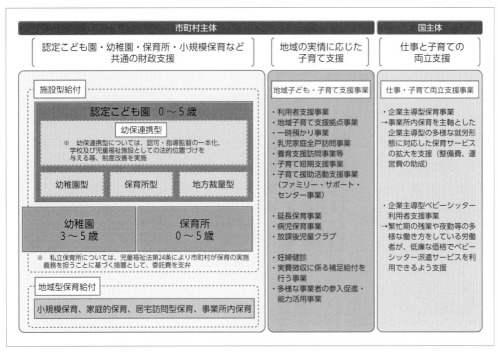

出典：内閣府子ども・子育て本部「子ども・子育て支援法及び児童手当法の一部を改正する法律案について」2019年

## 図3-6　令和元年10月〜：子ども・子育て支援新制度の概要

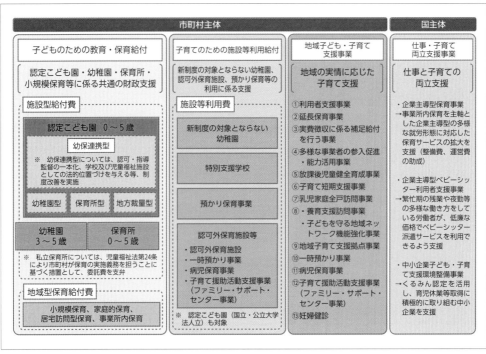

出典：内閣府子ども・子育て本部「子ども・子育て支援法及び児童手当法の一部を改正する法律案について」2021年

**図 3-7　子ども・子育て支援新制度の給付・事業の全体像**　　※下線部分が平成31年の改正部分

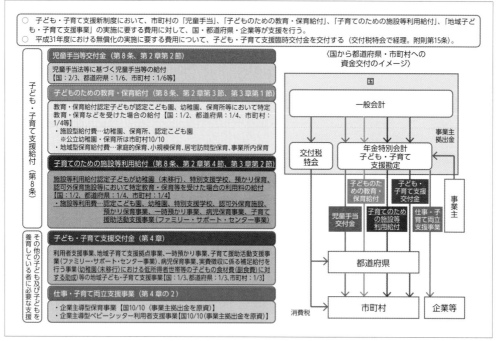

出典：内閣府資料

　また、2015年11月に、「待機児童解消加速化プラン」に基づく2017（平成29）年度末までの保育の受け皿整備目標を40万人分から50万人分に上積みしたことを受け、2016（平成28）年通常国会において、「企業主導型保育事業」等を創設するとともに、一般事業主から徴収する子ども・子育て拠出金の率の上限を引き上げるなど子ども・子育て支援法の改正を行った。

## 2　多様な子育て支援の拡充（関係法令の改正）

　保護者の就労の有無や就業形態等にかかわらず、子育て家庭の多様なニーズに対応し、地域子ども・子育て支援事業をより効果的に実施するためには、地域における事業実施主体間の連携・協力を図りながら、多様な支援事業を円滑に進めていくことが重要である。そこで、地域子ども・子育て支援事業を行う市町村や関係機関相互の連携の推進に関する事項について、市町村子ども・子育て支援事業計画の記載事項として位置づけること等を内容とする「子ども・子育て支援法及び児童手当法の一部を改正する法律」が2021（令和3）年5月に成立した。

　また、これに関連して、内閣府では、子育て家庭が身近な地域で安全、安心な子育てができるよう、多機能型地域子育て支援の取り組みを広げていくこととしている。

図3-8　子ども・子育て支援法及び児童手当法の一部を改正する法律

**子ども・子育て支援法及び児童手当法の一部を改正する法律の概要**

　総合的な少子化対策を推進する一環として、保育の需要の増大等に対応し、子ども・子育て支援の効果的な実施を図るため、施設型給付費等支給費用のうち一般事業主から徴収する拠出金を充てることができる割合の引上げ等を行うとともに、児童手当が支給されない者のうちその所得の額が一定の額未満のものに限り特例給付を支給することとする等の措置を講ずる。

**概要**

**(1) 子ども・子育て支援法の一部改正**

① **市町村子ども・子育て支援事業計画に定める任意的記載事項の追加**
　市町村子ども・子育て支援事業計画において定めるよう努めるべき事項として、地域子ども・子育て支援事業を行う市町村その他の当該市町村において子ども・子育て支援の提供を行う関係機関相互の連携の推進に関する事項を追加する。【子ども・子育て支援法第61条第3項関係】

② **施設型給付費等支給費用に充てることができる事業主拠出金の上限割合の引上げ**
　都道府県及び市町村以外の者が設置する特定教育・保育施設に係る施設型給付費等（保育所等運営費）の支給に要する費用のうち満3歳未満保育認定子ども（0〜2歳）に係るものについて、一般事業主からの拠出金をもって充てることができる割合を6分の1を超えない範囲から5分の1を超えない範囲に変更する。【子ども・子育て支援法第66条の3第1項関係】

③ **子育て支援に積極的に取り組む事業主に対する助成制度の創設**
　政府は、令和9年3月31日までの間、仕事・子育て両立支援事業として、労働者の子育ての支援に積極的に取り組んでいると認められる事業主に対し助成及び援助を行う事業ができることとする。【子ども・子育て支援法附則に条を新設】

**(2) 児童手当法の一部改正**

　特例給付の対象者のうちその所得の額が一定の額※以上の者を支給対象外とすることとする（令和4年10月支給分から適用）。【児童手当法附則第2条関係】
※児童手当法施行令に、子ども2人＋年収103万円以内の配偶者がいる場合は年収1,200万円等となる基準額を規定予定。
※併せて、自治体における情報連携の進展を踏まえ、毎年提出を求めている現況届を原則廃止（児童手当法施行規則改正予定）。

※**検討規定【改正法附則に規定】**
　政府は、子ども・子育て支援に関する施策の実施状況等を踏まえ、少子化の進展への対処に寄与する観点から、児童の数等に応じた児童手当の効果的な支給及びその財源の在り方並びに児童手当の支給要件の在り方について検討を加え、その結果に基づき、必要な措置を講ずるものとする。

**施行期日**

令和4年4月1日（ただし、(1)の③は、令和3年10月1日、(2)は令和4年6月1日）

資料：内閣府資料

# 3　幼児教育・保育の無償化の着実な実施

　「新しい経済政策パッケージ」等の決定に基づき、これまで段階的に推進してきた取り組みを一気に加速し、幼児教育・保育の無償化を実現するため、2019（令和元）年通常国会において「子ども・子育て支援法の一部を改正する法律」（令和元年法律第7号）が成立した。これにより、10%に引き上げられた消費税財源を活用して、2019年10月から3歳から5歳までの子どもおよび0歳から2歳までの住民税非課税世帯の子どもについて、新制度に移行した認定こども園、幼稚園、保育所等だけでなく、私学助成を受ける私立幼稚園や認可外保育施設等の利用者についても、その保育費用を無償化した。これは、子育て世代や子どもに大胆に政策資源を投入し、高齢者も若者も子育て家庭も安心できる全世代型の社会保障制度を目指したものである。

　このほか、幼児教育・保育の無償化に加えて、就学前の障害児の発達支援についても無償化する措置を講じている。

図 3 - 9　幼児教育・保育の無償化（概要）

幼児教育・保育の負担軽減を図る少子化対策・生涯にわたる人格形成や義務教育の基礎を培う幼児教育の重要性を目的として、「新しい経済政策パッケージ」等を踏まえ、令和元年10月より実施。

○　3～5歳の保育所等の利用料を無償化等を実施（下記参照）。対象人数は約300万人。
○　財源は、国と地方で適切な役割分担をすることが基本であり、消費税増収分を活用し必要な地方財源を確保。（令和3年度予算は事業費8,858億円（公費））
○　幼児教育・保育の無償化に関する様々な課題について、PDCAサイクルを行うため、国と地方自治体による協議（知事会・市長会・町村会から推薦された首長等がメンバー）を継続して実施。

〈無償化前〉

| 施設等の種類 | 認定区分 | | 歳児クラス | 保育料（月額） |
|---|---|---|---|---|
| 子ども・子育て支援新制度対象園 | 教育・保育給付 | 1号 | 3歳～5歳（新制度幼稚園、認定こども園） | 所得に応じて徴収（最大25,700円） |
| | | 2号 | 共働き家庭等の3歳～5歳（保育所等、認定こども園） | 所得に応じて徴収（平均37,000円） |
| | | 3号 | 共働き家庭等の0歳～2歳（保育所等、認定こども園） | 所得に応じて徴収（平均42,000円） |
| 私学助成園 | | | 3歳～5歳（新制度未移行幼稚園） | 所得に応じて還付（最大25,700円） |
| 認可外保育施設等 | | | 共働き家庭等の3歳～5歳（保育所等、認定こども園） | 所得に応じて徴収 |
| | | | 共働き家庭等の0歳～2歳（保育所等、認定こども園） | 所得に応じて徴収 |

〈無償化後〉

| 認定区分 | | 保育料（月額） | 預かり保育等利用料（月額） |
|---|---|---|---|
| 教育・保育給付 | 1号 | 所得にかかわらず0円（不徴収） | 所得にかかわらず11,300円を上限に給付 ※共働き家庭等の場合のみ |
| | 2号 | 所得にかかわらず0円（不徴収） | 預かり保育を実施していない場合や十分な実施水準ではない場合、預かり保育の残額の範囲で認可外保育施設等の利用が可能 |
| | 3号 | 市町村民税非課税世帯は0円（不徴収） | |
| 施設等利用給付（新設） | 1号 | 所得にかかわらず25,700円を上限に給付 ※保育料が上限額を上回る場合の差額は引き続き保護者の負担 | 所得にかかわらず11,300円を上限に給付 ※共働き家庭等の場合のみ |
| | 2号 | 所得にかかわらず37,000円を上限に給付 ※保育料が上限額を上回る場合の差額は引き続き保護者の負担 | |
| | 3号 | 市町村民税非課税世帯は42,000円を上限に給付 ※保育料が上限額を上回る場合の差額は引き続き保護者の負担 | |

# 4　新制度の施行後の課題整理と今後の対応

　2015年度から新制度が施行されたが、運用上の課題も少なくないことに加え、施行後5年、10年の見直しなどもあって、制度の改善が徐々に行われつつある。

## (1) 自治体計画と需給調整の整理

　新制度の初期段階では、全国的に待機児童が問題となっているなかで、基礎自治体の理解度の違いもあって、認定こども園の認可・認定が円滑に進まない事例が散見された。これについて内閣府は、認定こども園への移行を希望する既存施設が認可・認定基準を満たしてさえいれば、都道府県計画に定めた数の範囲において認定こども園への移行が可能であるとする事務連絡をたびたび発出した。それにもかかわらず、移行に消極的あるいは抑制的な自治体が依然としてみられた。

## (2) 2号・3号子どもについての利用調整

　子ども・子育て支援新制度では、国会審議の際の法案修正により、当分の間、すべての市町村は、保育の必要性の認定を受けた子どもが認定こども園、保育所、地域型保育事業等を利用するに当たり、利用調整を行ったうえで、各施設・事業者に対して利用の要請を行うこととされている。

参考：読み替え前の児童福祉法第24条第3項。下線部は附則第73条第1項により、具体的に読み替えられた部分

**第24条**

3 市町村は、保育の需要に応ずるに足りる保育所、認定こども園（子ども・子育て支援法第27条第1項の確認を受けたものに限る。以下この項及び第46条の2第2項において同じ。）又は家庭的保育事業等が不足し、又は不足するおそれがある場合その他必要と認められる場合には、保育所、認定こども園（保育所であるものを含む。）又は家庭的保育事業等の利用について調整を行うとともに、認定こども園の設置者又は家庭的保育事業等を行う者に対し、前項に規定する児童の利用の要請を行うものとする。

　この「利用調整」の規定については、待機児童が多い自治体に限らず、すべての自治体の保育利用について利用調整を行うことが求められており、保育の実施義務を有する市町村に対し、保育利用の強い関与と調整を求めている規定となっている。

　新制度においては、2号・3号認定を受けた子どもが特定教育・保育施設および特定地域型保育事業（特定教育・保育施設等）を利用するに当たって、

① 運営基準に基づき、利用定員を上回る場合、特定教育・保育施設等は保育の必要度の高い順に受け入れることが求められ、

② 児童福祉法に基づき、すべての市町村（特別区を含む。以下同じ。）が利用調整を行う

**図3-10 自治体計画と認可・認定の関係 ①**

○ 市町村計画は、「現在の利用状況」や「今後の利用希望」を踏まえ、「量の見込み」を設定し、区域内の利用定員（確保の状況）や量の見込みに不足する場合の整備目標を「確保方策」として設定。
○ 都道府県計画は、市町村計画の数値の積上げを基本に、広域調整を勘案し、一定区域ごとに、「量の見込み」と「確保方策」を設定。
○ 都道府県は、一定区域ごとに、需要（量の見込み）と供給（確保の状況）の状況に応じ、以下のとおり、認定こども園・保育所の認可・認定を行う。
※ 指定都市・中核市においては、都道府県と同様に、市町村計画に基づき幼保連携型認定こども園・保育所の認可を行う。
※ 地域型保育事業については、市町村が市町村計画に基づき同様に認可を行う。

需要（量の見込み） ＞ 供給（確保の状況） → 原則認可・認定（適格性・認可基準を満たす申請者である場合）
需要（量の見込み） ＜ 供給（確保の状況） → 認可・認定を行わないことができる（＝需給調整）

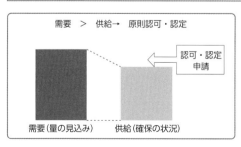

需要 ＞ 供給→ 原則認可・認定

認可・認定申請

需要（量の見込み）　供給（確保の状況）

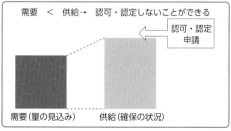

需要 ＜ 供給→ 認可・認定しないことができる

認可・認定申請

需要（量の見込み）　供給（確保の状況）

出典：内閣府子ども・子育て本部「子ども・子育て支援新制度について」2015年

## 図 3 -11 自治体計画と認可・認定の関係　②

○　既存の幼稚園・保育所が認定こども園へ移行する場合
　　　需要　＋　「都道府県計画で定める数」　＞　供給
　　　→　原則認可・認定（適格性・認可基準を満たす申請者）
　　※　この「都道府県計画で定める数」は、幼稚園・保育所から認定こども園への移行を促進するため、現在の施設の利用状況や認定こども園への移行に関する意向等を踏まえて設定。設定に当たっては、地方版子ども・子育て会議等の議論を通じて透明性を確保。
　　※　幼保連携型認定こども園については「指定都市・中核市の計画で定める数」。

◎平成25年8月6日付内閣府事務連絡（各都道府県・指定都市・中核市宛）
（別添）四　認可及び認定に係る需給調整 1 基本的考え方（第三の二 2 （二）イ及び四 2 （二）(2)関係）
　2　認定こども園への移行に係る需給調整の特例（第三の四 2 （二）(2)ウ関係）
　　○　「都道府県計画で定める数」は、認定こども園への移行を促進するため、移行を希望する幼稚園・保育所があれば、認可・認定基準を満たす限り認可・認定が行われるように設定することが基本であること。
　　　具体的には、認定こども園・幼稚園・保育所等の利用状況や既存の幼稚園・保育所の認定こども園への移行の希望を把握し、これらの移行に関する意向等を踏まえ、地方版子ども・子育て会議における議論を経る等、透明化を図った上で設定すること。

◎平成25年12月18日付内閣府事務連絡（各都道府県・指定都市・中核市宛）
　その趣旨は、認定こども園が幼稚園と保育所の機能を併せ持ち、保護者の就労状況の変化等によらずに柔軟に子どもを受け入れられる施設であることを踏まえ、認定こども園への移行を希望する幼稚園・保育所があれば、認可・認定基準を満たす限り、認可・認定を行えるようにするというものです。（中略）
　「都道府県計画で定める数」については、供給過剰地域においても認可・認定を可能とすることを前提とするものであることから、当該数は、少なくとも「供給量－需要量」を上回る数を設定していただく必要があるものであり、当該上回る数については、認定こども園、幼稚園、保育所等の利用状況や認定こども園への移行の希望などを踏まえ、地方版子ども・子育て会議における議論等を行っていただいた上で、各地域の実情に応じた具体的な数を設定していただくことになることにご留意ください。
※平成26年7月2日付内閣府告示第159号で告示。（第三の四 2 （二）(2)ウ関係）

出典：内閣府子ども・子育て本部「子ども・子育て支援新制度について」2015年

## 図 3 -12 新制度における保育を必要とする場合の利用手順（イメージ）

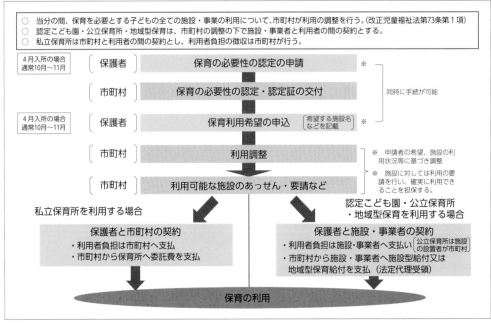

出典：内閣府子ども・子育て本部「子ども・子育て支援新制度における利用調整等について」2014年

（特定教育・保育施設等には協力義務等が発生）こと

としている（運営基準第6条、第7条、第39条、第40条、児童福祉法第24条・附則第73条）。

　上記にあるとおり、保育所のほか、保護者との直接契約施設・事業である認定こども園および地域型保育事業等のいずれの施設・事業を利用する場合であっても、市町村の関与・調整を経て、保育の必要度に応じた利用、受け入れを行うことが前提となるが、それを踏まえたうえで、法案修正の趣旨に反しない範囲で、保護者の希望・選択の自由の保障のあり方や特定教育・保育施設等の募集、契約方法を踏まえた利用調整の手続きの具体的な運用のあり方が明示されている。

### ⑶ 認定こども園に対する利用調整の弾力運用

　一般的な利用調整は、保育の必要性の認定を行ったうえで、利用調整の前提となる保護者の希望先を聴取し、利用調整を行うこととなる。利用調整のあり方については、保育の必要度に応じた利用、受け入れが前提となるが、そのことを前提としたうえで、認定こども園等の直接契約による取り扱いについては柔軟な対応が可能とされている。

⑴　認定こども園等の取り扱い

①　調整方法について

　　利用調整については、すべての施設・事業類型を通じて、調整を行う方法が想定されているが、一定の条件を満たした場合に、直接契約である認定こども園や地域型保育事業に関しては、保護者の希望をより踏まえた形で調整を行うことも可能な取り扱いとする。

　　具体的には、直接契約である認定こども園および地域型保育事業の場合、それぞれ第1希望の保護者のなかから利用調整を行い、保育の必要度の高い順に決定する方法がある。

　　※この場合、施設を通じて利用募集をかけることが基本

　　※利用調整方法については、認定申請の際、来年度の募集要項を配布する際等を活用して周知することが必須

　　※第1希望である施設・事業所は1か所に限定することが必要（何か所も第1希望として応募させない）

　　※この場合であっても、利用調整の時期は市町村が定めることとする

　　　（他の施設類型の利用調整の時期と揃えるまたはこのパターンによる場合は園の希望時期を尊重する）

　　　⇒例えば、保育所を第1希望として認定こども園を第2希望とする保護者の方が、認定こども園を第1希望とする保護者よりも保育の必要度（ポイント）が高い場合であっても、後者の保護者が優先的に選考される。

②　対象となる市町村について

　　保育の必要度に応じた利用の保障との関係を両立させていくことが求められることから、対象となる地域については、上記の方法によることができる（①利用状況に余裕の

図 3-13 必要性の認定・利用調整の流れ

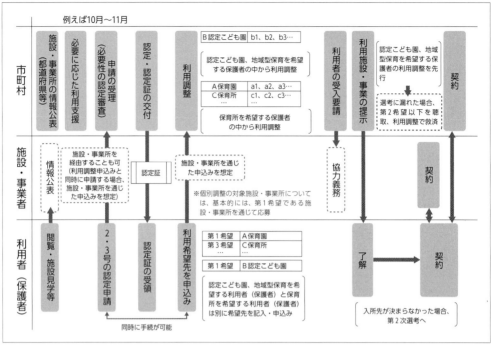

出典：内閣府子ども・子育て本部「子ども・子育て支援新制度における利用調整等について」2014年を一部変更

ある市町村、②待機児童が0人またはそれに近い状況である市町村）。

それ以外の待機児童が多い市町村のうち、3歳以上児に係る待機児童が0人またはそれに近い状況である市町村については、3歳以上のみを上記の方法に委ねることも可能。

## 5　新制度施行後5年後見直しに係る項目、資格・免許取得の特例

　子ども・子育て支援法附則第2条第4項および就学前の子どもに関する教育、保育等の総合的な提供の推進に関する法律（認定こども園法）附則第2条第2項において、法律の施行後5年を目途として、この法律の施行の状況を勘案し、必要があると認めるときは、この法律の規定について検討を加え、その結果に基づいて所要の措置を講ずるものとするとされている。

　この規定に基づき、内閣府子ども・子育て本部における子ども・子育て会議での検討がなされ、認定こども園に関係する6つの項目についても、それぞれの方向性が定められた。

　このうち、幼保連携型認定こども園に関しては、保育教諭に関する資格・免許に係る特例が大きな課題とされた。新制度の施行および認定こども園制度の改善により、「学校および児童福祉施設としての法的位置づけを持つ単一の施設」として、新たな幼保連携型認定こども園が創設された。新たな「幼保連携型認定こども園」は学校教育と保育を一体的に提供する施設（学校および児童福祉施設）であるため、配置される職員として幼稚園教諭免許状と

図 3-14 認定こども園法改正に伴う幼稚園教諭免許状授与の所要資格の特例について

1. 幼保連携型認定こども園と保育教諭

○　認定こども園法の改正により、「学校及び児童福祉施設としての法的位置付けを持つ単一の施設」として、新たな「幼保連携型認定こども園」が創設。

［現行制度］
幼稚園（学校）　保育所（児童福祉施設）

［改正後］
幼保連携型認定こども園（学校及び児童福祉施設）

○幼稚園は学校教育法に基づく認可
○保育所は児童福祉法に基づく認可
○それぞれの法体系に基づく指導監督
○幼稚園・保育所それぞれの財政措置

○改正認定こども園法に基づく単一の認可
○指導監督の一本化
○財政措置は「施設型給付」で一本化

○　新たな「幼保連携型認定こども園」は、学校教育と保育を一体的に提供する施設であるため、その職員である「保育教諭」については、「幼稚園教諭免許状」と「保育士資格」の両方の免許・資格を有していることを原則としている。
○　一方、幼稚園・保育所で働く幼稚園教諭・保育士のうち1／4程度は、いずれかの免許・資格で勤務している。
　　新たな「幼保連携型認定こども園」への円滑な移行を進めるため、改正認定こども園法では、施行後5年間は、「幼稚園教諭免許状」または「保育士資格」のいずれかを有していれば、「保育教諭」となることができるとする経過措置を設けている。

出典：文部科学省資料

図 3-15 幼稚園免許状取得の特例の概要

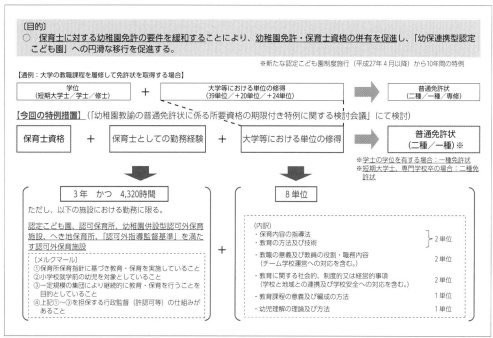

〔目的〕
○　保育士に対する幼稚園免許の要件を緩和することにより、幼稚園免許・保育士資格の併有を促進し、「幼保連携型認定こども園」への円滑な移行を促進する。

※新たな認定こども園制度施行（平成27年4月以降）から10年間の特例

【通例：大学の教職課程を履修して免許状を取得する場合】
学位（短期大学士／学士／修士）＋大学等における単位の修得（39単位／＋20単位／＋24単位）→普通免許状（二種／一種／専修）

【今回の特例措置】（「幼稚園教諭の普通免許状に係る所要資格の期限付き特例に関する検討会議」にて検討）
保育士資格＋保育士としての勤務経験＋大学等における単位の修得→普通免許状（二種／一種）※

※学士の学位を有する場合：一種免許状
※短期大学士、専門学校卒の場合：二種免許状

3年　かつ　4,320時間

ただし、以下の施設における勤務に限る。
認定こども園、認可保育所、幼稚園併設型認可外保育施設、へき地保育所、「認可外指導監督基準」を満たす認可外保育施設

【メルクマール】
①保育所保育指針に基づき教育・保育を実施していること
②小学校就学前の幼児を対象としていること
③一定規模の集団により継続的に教育・保育を行うことを目的としていること
④上記①～③を担保する行政監督（許認可等）の仕組みがあること

8単位

（内訳）
・保育内容の指導法
・教育の方法及び技術　　　　}2単位
・教職の意義及び教員の役割・職務内容（チーム学校運営への対応を含む。）　2単位
・教育に関する社会的、制度的又は経営的事項（学校と地域との連携及び学校安全への対応を含む。）　2単位
・教育課程の意義及び編成の方法　1単位
・幼児理解の理論及び方法　1単位

出典：内閣府子ども・子育て本部資料

## 図 3-16 保育士資格取得の特例の概要

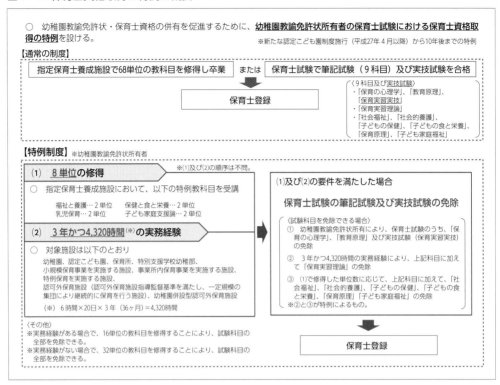

出典：内閣府子ども・子育て本部資料

## 図 3-17 免許・資格の更なる併有促進策

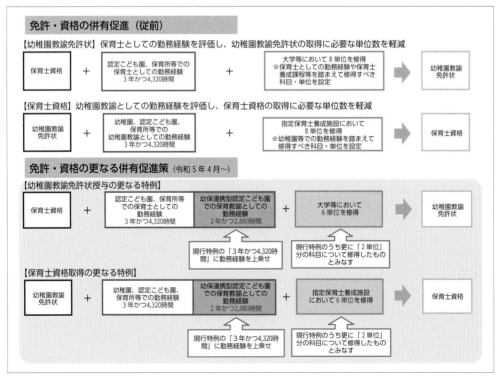

出典：保育士資格等に関する専門委員会（第１回）『保育士資格等にかかる制度改正について』資料２（令和５年10月19日）こども家庭庁

保育士資格の両方の免許・資格を有する「保育教諭」が位置づけられている。

　ただ、いずれか片方の免許・資格しか有しない保育者も少なからずおり、人材確保が困難な状況であったことへの配慮や幼保連携型認定こども園への移行を促す観点から、改正認定こども園法の施行後5年間は幼稚園教諭免許状または保育士資格のいずれかを有していれば、「保育教諭」として従事できる経過措置を設けられた。

　この5年の特例期間中にもう一方の免許・資格を取得する必要があるが、新制度施行後5年の見直しのなかで、その期間がさらに5年間（2024（令和6）年度末まで）延長された。2025（令和7）年度以降の取り扱いについては、子ども家庭庁において検討されているが、一定の条件を付したうえでさらに5年間延長されるものとみられている。

## 6　新制度における地方版子ども・子育て事業計画の見直し

　都道府県・市町村子ども・子育て支援事業計画については、「教育・保育及び地域子ども・子育て支援事業の提供体制の整備並びに子ども・子育て支援給付並びに地域子ども・子育て支援事業及び仕事・子育て両立支援事業の円滑な実施を確保するための基本的な指針」（平成26年内閣府告示第159号。以下「基本指針」という。）を踏まえて策定、見直しを行うことが規定されている。

　新制度では、基礎自治体である市町村が実施主体となって、教育・保育や地域子ども・子育て支援事業の提供体制の確保等を図ることが求められている。そのため、子ども・子育て支援法第61条で、「市町村は、基本指針に即して、5年を1期とする教育・保育及び地域子ども・子育て支援事業の提供体制の確保その他この法律に基づく業務の円滑な実施に関する計画を定めるものとする」と規定されている。

　市町村事業計画のポイントは、地域における教育・保育、地域子ども・子育て支援事業の量の見込みと、それに対応する提供体制の確保の内容や実施時期について定めることにある。教育・保育や地域子育て支援の需要の見込みを算定し、それに対する供給の確保を図ること、すなわち需要と供給のバランスを図る需給計画であるということが大きな特徴となっている。

　2015（平成27）年度から施行された新制度において、第1期計画（2015〜2019（令和元）年度）は終了し、現在は第2期計画（2020（令和2）〜2024（令和6）年度）の期間中であり、最終年度を迎えようとしている。これまで取り組んできた第1期計画と第2期計画は、女性就業率の上昇に伴って高まる保育需要に対して、保育の供給を増やすという、いわば待機児童を生じさせないための需給計画という性格が強かった。

　しかし、少子化が進行する一方で、待機児童対策としての保育の受け皿整備が進んだことから、待機児童が急速に減り続けており、なかには定員割れを起こす保育所等もみられるようになってきている。こうした状況を踏まえると、2025（令和7）年度から始まる第3期市町村事業計画は、縮小する保育需要に対して供給が過剰になることを前提にした需給計画を策定することになるのではないかと考えられる。

また、市町村事業計画の策定に関しては、計画の点検・評価や見直しも含め、市町村子ども・子育て会議で検討し、その意見等を十分に反映しながら計画を策定することが求められている。しかし、コロナ禍ということもあって、この3年あまり市町村子ども・子育て会議をほとんど開かなかった市町村がかなりみられた。

　第1期・第2期計画と違って、次の第3期計画は、供給過剰が進むなかでの教育・保育施設の統廃合や再編、規模縮小など、これまでとは違う難しい状況に対応しながら、保育機能の維持・確保や質の向上を含めた新たな発想に立った需給計画が求められる。それだけに、市町村子ども・子育て会議をどう有効に機能させ、活用することができるかが問われそうだ。

# 第3節 こども家庭庁の設置

## 1 こども基本法

こども基本法は、こども施策を社会全体で総合的かつ強力に推進していくための包括的な基本法として、2022（令和4）年6月に成立し、2023（令和5）年4月に施行された。

同法は、日本国憲法および児童の権利に関する条約の精神にのっとり、すべてのこどもが、将来にわたって幸福な生活を送ることができる社会の実現を目指し、こども施策を総合的に推進することを目的としている。同法は、こども施策の基本理念のほか、こども大綱の策定やこども等の意見の反映などについて定めている。

図3-18 こども基本法の概要

**こども基本法の概要**

**目的**

日本国憲法及び児童の権利に関する条約の精神にのっとり、次代の社会を担う全てのこどもが、生涯にわたる人格形成の基礎を築き、自立した個人としてひとしく健やかに成長することができ、こどもの心身の状況、置かれている環境等にかかわらず、その権利の擁護が図られ、将来にわたって幸福な生活を送ることができる社会の実現を目指して、こども施策を総合的に推進する。

**基本理念**

① 全てのこどもについて、個人として尊重されること・基本的人権が保障されること・差別的取扱いを受けることがないようにすること
② 全てのこどもについて、適切に養育されること・生活を保障されること・愛され保護されること等の福祉に係る権利が等しく保障されるとともに、教育基本法の精神にのっとり教育を受ける機会が等しく与えられること
③ 全てのこどもについて、年齢及び発達の程度に応じ、自己に直接関係する全ての事項に関して意見を表明する機会・多様な社会的活動に参画する機会が確保されること
④ 全てのこどもについて、年齢及び発達の程度に応じ、意見の尊重、最善の利益が優先して考慮されること
⑤ こどもの養育は家庭を基本として行われ、父母その他の保護者が第一義的責任を有するとの認識の下、十分な養育の支援・家庭での養育が困難なこどもの養育環境の確保
⑥ 家庭や子育てに夢を持ち、子育てに伴う喜びを実感できる社会環境の整備

**責務等**

○国・地方公共団体の責務　○事業主・国民の努力

**白書・大綱**

○年次報告（法定白書）、こども大綱の策定
（※少子化社会対策／子ども・若者育成支援／子どもの貧困対策の既存の3法律の白書・大綱と一体的に作成）

**基本的施策**

○施策に対するこども・子育て当事者等の意見の反映
○支援の総合的・一体的提供の体制整備
○関係者相互の有機的な連携の確保
○この法律・児童の権利に関する条約の周知
○こども大綱による施策の充実及び財政上の措置等

**こども政策推進会議**

○こども家庭庁に、内閣総理大臣を会長とする、こども政策推進会議を設置
　① 大綱の案を作成
　② こども施策の重要事項の審議・こども施策の実施を推進
　③ 関係行政機関相互の調整　等
○会議は、大綱の案の作成に当たり、こども・子育て当事者・民間団体等の意見反映のために必要な措置を講ずる

**附則**

施行期日：令和5年4月1日
検討：国は、施行後5年を目途として、基本理念にのっとったこども施策の一層の推進のために必要な方策を検討

出典：内閣官房こども家庭庁設立準備室資料

## 2 こども家庭庁の創設　2023年4月1日

　こども家庭庁設置法、こども基本法、こども家庭庁設置法の施行に伴う関係法律の整備に関する法律という3つの法律（いずれも2022（令和4）年6月15日成立、2023（令和5）年4月1日施行）がベースとなって、2023年4月からこども家庭庁が設置された。

　このうち、こども家庭庁設置法第3条では、同庁の任務について次のように述べている。

> 　こども家庭庁は、心身の発達の過程にある者が自立した個人としてひとしく健やかに成長することのできる社会の実現に向け、子育てにおける家庭の役割の重要性を踏まえつつ、こどもの年齢及び発達の程度に応じ、その意見を尊重し、その最善の利益を優先して考慮することを基本とし、こども及びこどものある家庭の福祉の増進及び保健の向上その他のこどもの健やかな成長及びこどものある家庭における子育てに対する支援並びにこどもの権利利益の擁護に関する事務を行うことを任務とする。

図3-19 こども家庭庁設置法（令和4年法律第75号）の概要

### こども家庭庁設置法（令和4年法律第75号）の概要

**趣旨**

　こども（心身の発達の過程にある者をいう。以下同じ。）が自立した個人としてひとしく健やかに成長することのできる社会の実現に向け、子育てにおける家庭の役割の重要性を踏まえつつ、こどもの年齢及び発達の程度に応じ、その意見を尊重し、その最善の利益を優先して考慮することを基本とし、こども及びこどものある家庭の福祉の増進及び保健の向上その他のこどもの健やかな成長及びこどものある家庭における子育てに対する支援並びにこどもの権利利益の擁護に関する事務を行うとともに、当該任務に関連する特定の内閣の重要政策に関する内閣の事務を助けることを任務とするこども家庭庁を、内閣府の外局として設置することとし、その所掌事務及び組織に関する事項を定める。

**概要**

1　内閣府の外局として、こども家庭庁を設置
2　こども家庭庁の長は、こども家庭庁長官とする
3　こども家庭庁の所掌事務
　(1)　分担管理事務（自ら実施する事務）
　　・小学校就学前のこどもの健やかな成長のための環境の確保及び小学校就学前のこどものある家庭における子育て支援に関する基本的な政策の企画及び立案並びに推進
　　・子ども・子育て支援給付その他の子ども及び子どもを養育している者に必要な支援
　　・こどもの保育及び養護
　　・こどものある家庭における子育ての支援体制の整備
　　・地域におけるこどもの適切な遊び及び生活の場の確保
　　・こども、こどものある家庭及び妊産婦その他母性の福祉の増進
　　・こどもの安全で安心な生活環境の整備に関する基本的な政策の企画及び立案並びに推進
　　・こどもの保健の向上
　　・こどもの虐待の防止
　　・いじめの防止等に関する相談の体制など地域における体制の整備
　　・こどもの権利利益の擁護（他省の所掌に属するものを除く）
　　・こども大綱の策定及び推進　等
　(2)　内閣補助事務（内閣の重要政策に関する事務）
　　・こどもが自立した個人としてひとしく健やかに成長することのできる社会の実現のための基本的な政策に関する事項等の企画及び立案並びに総合調整
　　・結婚、出産又は育児に希望を持つことができる社会環境の整備等少子化の克服に向けた基本的な政策に関する事項の企画及び立案並びに総合調整
　　・子ども・若者育成支援に関する事項の企画及び立案並びに総合調整
4　資料の提出要求等
　　・こども家庭庁長官は、こども家庭庁の所掌事務を遂行するため必要があると認めるときは、関係行政機関の長に対し、資料の提出、説明その他の必要な協力を求めることができることとする
5　審議会等及び特別の機関
　　・こども家庭庁に、こども政策に関する重要事項等を審議するこども家庭審議会等を設置し、内閣府及び厚生労働省から関係審議会等の機能を移管するとともに、こども基本法の定めるところによりこども家庭庁に置かれる特別の機関は、内閣総理大臣を会長とするこども政策推進会議とする。
6　施行期日等
　　・令和5年4月1日
　　・政府は、この法律の施行後5年を目途として、小学校就学前のこどもに対する質の高い教育及び保育の提供その他のこどもの健やかな成長及びこどものある子育てに対する支援に関する施策の実施の状況を勘案し、これらの施策を総合的かつ効果的に実施するための組織及び体制の在り方について検討を加え、必要があると認めるときは、その結果に基づいて所要の措置を講ずるものとする

出典：内閣官房こども家庭庁設立準備室資料

図3-20　こども家庭庁設置法の施行に伴う関係法律の整備に関する法律（令和4年法律第76号）の概要

```
こども家庭庁設置法の施行に伴う関係法律の整備に関する法律（令和4年法律第76号）の概要

趣旨
　こども家庭庁設置法の施行に伴い、児童福祉法その他の関係法律及び内閣府設置法その他の行政組織に関する法律について、所要の規定の整備を行う。

概要
1　関係法律の整備
　(1)　関係省庁からこども家庭庁に所掌事務が移管されることに伴い、当該事務に関係する法律の規定により関係大臣が行う権限及び関係省庁が発する命令を、それぞれ内閣総理大臣の権限及び内閣府令に改める等の規定の整理を行う
　(2)　幼稚園、保育所及び認定こども園の教育・保育の内容に関する基準の整合性を制度的に担保するため、学校教育法及び児童福祉法を改正し、文部科学大臣が幼稚園教育要領を定めるに当たり又は内閣総理大臣が保育所保育指針を定めるに当たり、それぞれ内閣総理大臣又は文部科学大臣に協議することとする規定を設ける
　(3)　そのほか、内閣総理大臣と関係大臣との間で事務を調整するために必要な協議に関する規定を整備するなど、関係法律の規定の整備を行う（医療法、義務教育の段階における普通教育に相当する教育の機会の確保等に関する法律　等）
2　行政組織に関する法律の整理
　(1)　内閣府本府、文部科学省及び厚生労働省について、こども家庭庁にその権限の一部が移管されることに伴い、所掌事務の規定並びに審議会及び特別の機関の規定の整理を行う
　(2)　こども家庭庁の所掌事務を掌理する内閣府特命担当大臣※を置き、当該大臣が掌理する事務に関する規定を整理する
　　※各省大臣に対し、必要な資料の提出及び説明を求める権限や勧告する権限等を有する
3　経過措置
　・関係大臣の権限を内閣総理大臣の権限としたこと等に伴い、必要となる経過措置を置く
4　施行期日
　・こども家庭庁設置法の施行の日（令和5年4月1日）
```

出典：内閣官房こども家庭庁設立準備室資料

　同庁の所掌事務については、第4条で①就学前の子どもの健やかな成長のための環境の確保、子育て支援に関する基本的な政策の企画、立案、推進、②子ども・子育て支援給付その他の必要な支援、③認定こども園制度に関すること、④子どもの保育および養護に関すること、⑤子育ての支援体制の整備、地域における子どもの適切な遊びおよび生活の場の確保、⑥子どもの安全で安心な生活環境の整備に関する基本的な政策の企画、立案、推進、⑦子どもの虐待防止に関することなど、27の項目が挙げられている。

　組織機構としては、1官房2局体制となり、政策全体の企画立案・総合調整を担う「長官官房」、教育・保育給付や保育所・認定こども園、地域子育て支援などを所掌する「成育局」、いじめ・不登校や子ども・若者支援、障害児支援、ひとり親家庭支援などを所掌する「支援局」で構成される。

　各局の構成をみると、「成育局」には「総務課」のほか、保育所・認定こども園、企業主導型保育事業などを所管する「保育政策課」、就学前指針や保育指針、認定こども園教育・保育要領の策定、幼稚園に係る文科省との調整などを担う「成育基盤企画課」、子育て世代包括支援センター（2024（令和6）年4月より、こども家庭センター）や放課後児童クラブ、地域子育て支援拠点の充実などを所管する「成育環境課」、子どもの事故防止・事故対策や災害共済給付、インターネット環境整備などを所管する「安全対策課」、妊娠・出産の支援や母子保健、成育医療、子育て世代包括支援センターなどを所管する「母子保健課」という6課、2室が置かれ、「支援局」には「総務課」をはじめ、「虐待防止対策課」「家庭福祉課」「障害児支援課」の4課が置かれている。

図 3 -21 こども家庭庁組織図概要

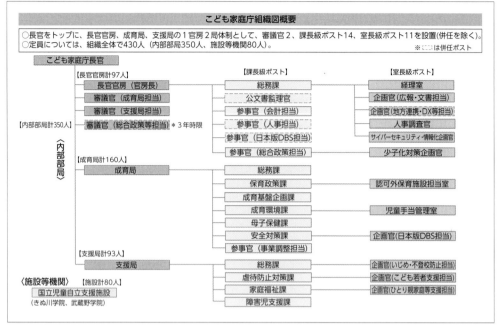

出典：こども家庭庁資料

# 3　こども大綱

　こども基本法（2023（令和5）年4月施行）に基づき、こども政策を総合的に推進するため、政府全体のこども施策の基本的な方針等を定める「こども大綱」が2023年12月22日、閣議決定された。こども大綱は、既存3大綱（少子化社会対策大綱、子供・若者育成支援推進大綱、子供の貧困対策に関する大綱）の内容を含む包括的な大綱となる。我が国初の大綱であり、幅広いこども施策を総合的に推進するため、今後5年程度の基本的な方針や重要事項を一元的に定めるものとなる。

　「こども大綱」では、すべての子ども・若者が身体的・精神的・社会的に幸せな状態（ウェルビーイング）で生活を送ることができる「こどもまんなか社会」の実現を目指している。

　そのための基本的な方針として、

① 　子ども・若者は権利の主体であり、今とこれからの最善の利益を図ること

② 　子ども・若者や子育て当事者とともに進めていくこと

③ 　ライフステージに応じて切れ目なく十分に支援すること

④ 　良好な成育環境を確保し、貧困と格差の解消を図ること

⑤ 　若い世代の生活の基盤の安定を確保し、若い世代の視点に立った結婚・子育ての希望を実現すること

⑥ 　施策の総合性を確保すること

を掲げている。

## 4 幼児期までのこどもの育ちに係る基本的なビジョン
　（はじめの100か月の育ちビジョン）

．．．．．．．．．．．．．．．．．．．．．．．．．．．．．．．．．．．．．．．．．．．．．．．．．．．．．．．．．．．．．．．．．．．．．．．．

　こども家庭庁では、「小学校就学前のこどもの健やかな成長のための環境の確保及び小学校就学前のこどものある家庭における子育て支援に関する基本的な政策の企画及び立案並びに推進に関すること」を所掌しており、幼稚園、保育所、認定こども園、家庭、地域を含めた、就学前のこどもの育ちに係る基本的な指針（仮称）を新たに閣議決定し、これに基づき政府内の取り組みを主導することとされている。

　そのため、同庁のこども家庭審議会において、内閣総理大臣からの諮問を受け、「幼児期までのこどもの育ち部会」において議論を行うこととされた。この「指針」については、検討のプロセスのなかで「ビジョン」という表現に変わり、同部会および同審議会において「幼児期までのこどもの育ち」に着目し、すべての人と共有したい理念や基本的な考え方が整理され、2023（令和5）年12月1日に答申が取りまとめられた。この答申を踏まえ、「社会全体の認識共有を図りつつ、政府全体の取組を強力に推進するための羅針盤」として、12月22日に「幼児期までのこどもの育ちに係る基本的なビジョン（はじめの100か月の育ちビジョン）」（以下「本ビジョン」という。）が閣議決定された。

　本ビジョンによると、「こどもの誕生前から幼児期まで」の時期は、「人の生涯にわたる

図3-22 幼児期までのこどもの育ちに係る基本的なビジョン

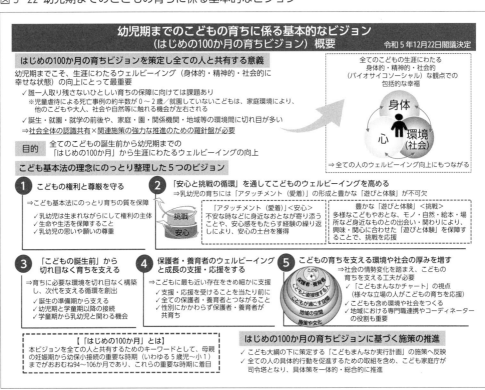

出典：こども家庭庁資料

ウェルビーイングの基盤となる最も重要な時期」であり、「全世代の全ての人でこの時期からこどものウェルビーイング向上を支えていくことができれば、『こどもまんなか社会』の実現へ社会は大きく前進する」との考えを示している。

　また、本ビジョンは、人生の基盤的時期を過ごす乳幼児を含めた全世代のすべての人による社会の実現を目指すものとして、次のような社会イメージを示している。

○乳幼児を含めたすべての子どもが誰一人取り残されずに、権利主体として、命と尊厳と権利を守られる社会

○乳幼児の思いや願いが受け止められ、社会への参画が応援される社会

○乳幼児と保護者・養育者が安定した「アタッチメント（愛着）」を形成できる社会

○人や場との出会いを通して、豊かな「遊びと体験」が保障される社会

○保護者・養育者になる前から切れ目なく、様々な人や機会に支えられ、子どもとともに育ち、成長が支援・応援される社会

○各分野や立場を超えた認識共有により、乳幼児に関わる人が緊密に連携し、切れ目のない「面」での支援が実現できている社会

○乳幼児とすべての人がともに育ち合う好循環が続いていく社会

　ちなみに、「はじめの100か月の育ちビジョン」でいう100か月とは、「妊娠期がおおむね10か月、誕生から小学校就学までがおおむね6年6か月、さらに幼保小接続の重要な時期（5歳児から小学校1年生までの2年間）のうち小学校就学後がおおむね1年であり、これらの重要な時期の合計がおおむね100か月である」との考え方に基づいている。

# 5　その他

## ⑴児童をわいせつ行為から守る環境整備

　幼保連携型認定こども園においては、幼稚園教諭免許状と保育士資格の併有が求められている。現在は特例で片方の免許・資格でも可能とされているが、昨今の不適切な事案の発生に伴い、免許・資格の両面から不適切な事案を防ぐための環境整備が行われている。

　幼稚園教諭免許状に関しては、2021（令和3）年通常国会において、議員立法として「教育職員等による児童生徒性暴力等の防止等に関する法律」（令和3年法律第57号）が衆参両院の全会一致により成立し、2021年6月4日に公布された。

　この法律は、児童生徒等の尊厳を保持するため、教育職員等による児童生徒性暴力等の防止等に関する施策を推進し、もって児童生徒等の権利利益の擁護に資することを目的としており、2022（令和4）年4月1日から施行されている（2023（令和5）年7月13日一部改正）。

　この法律においては、「児童生徒性暴力等」などの定義のほか、児童生徒性暴力等の禁止、基本理念（学校の内外を問わず教育職員等による児童生徒性暴力等の根絶等）、児童生徒性暴力等の防止・早期発見・対処に関する措置（データベースの整備等）、児童生徒性暴力等を行ったことにより免許状が失効または取り上げになった特定免許状失効者等に対する

免許状授与の特例（再授与審査）等について規定されている。

　特に、2023年４月１日より稼働している特定免許状失効者等に係るデータベースの活用および記録に関しては、

①　教育職員等を任命または雇用する際には、国公私立の別や、常勤・非常勤等の採用形態を問わず、必ずデータベースを活用し、採用希望者が特定免許状失効者等であることが判明した場合、当該希望者が児童生徒性暴力等を再び行わないことの高度な蓋然性が必要であること

②　免許管理者である都道府県教育委員会は、失効・取り上げの効力が発生した日の翌営業日までに特定免許状失効者等の情報を記録すること

等が求められる。

　また、文部科学省においては、この法律に定められた施策を総合的かつ効果的に推進するため、教育職員等による児童生徒性暴力等の防止等に関する基本的な指針（令和４年３月18日文部科学大臣決定、令和５年７月13日改訂）の策定や関係省令の整備を行っている。

　一方、保育士資格に関しては、2022年６月に成立した改正児童福祉法（2023年４月１日一部施行）により、児童をわいせつ行為から守る環境整備について、性犯罪歴等の証明を求める仕組み（日本版DBS）の導入に先駆けた取り組み強化が図られることになった。児童にわいせつ行為を行った保育士の資格管理の厳格化を行うとともに、ベビーシッター等に対する事業停止命令等の情報の公表や共有を可能とするほか、児童福祉施設等の運営について、国が定める基準に従い、条例で基準を定めるべき事項に児童の安全の確保を加えるなど所要の改正を行うこととしている。

## ⑵ 保育教諭の特例措置の期限到来を受けた改正について

　幼保連携型認定こども園は、満３歳以上の子どもに対する教育ならびに保育を必要とする子どもに対する保育を一体的に行う施設であり、勤務する保育教諭等については、乳幼児の教育および保育をつかさどることとされ、幼稚園教諭免許状と保育士資格の併有が必要とされている（認定こども園法第15条第１項および第４項）。

　ただし、改正認定こども園法の施行後、制度変更に伴う経過措置として、また幼稚園や保育所等から幼保連携型認定こども園への円滑な移行を進めるため、いずれか一方の免許状・資格のみで保育教諭等となることができる特例を設けている（認定こども園法改正法附則第５条第１項および第２項）。

　当該特例措置の期間については、改正認定こども園法施行当初は、2015（平成27）年度から2019（令和元）年度までの５年間であったものを、2019年に地域の自主性及び自立性を高めるための改革の推進を図るための関係法律の整備に関する法律（令和元年法律第26号）により、さらに５年間延長され、トータルで10年間（2024（令和６）年度末まで）に延長されたところである。2024年度末でこの特例措置の期限である10年を迎えるため、特例措置終了後の取り扱いに関する検討が行われ、条件を付しつつさらに５年間延長する方向が示されている。

### ⑶ 子どものための教育・保育給付交付金

　この交付金は、子ども・子育て支援法（平成24年法律第65号）第68条第1項の規定に基づき、市町村（特別区を含む。）が支弁する施設型給付費等の支給に要する費用の一部を負担することにより、子どもが健やかに成長するように支援することを目的とするものである。

　教育・保育給付認定を受けた小学校就学前の子どもが、幼稚園、保育所、認定こども園、地域型保育事業（小規模保育事業、家庭的保育事業等）を利用する際に施設型給付費等を支給する市町村に対し、支給に必要な費用の一部を負担するため交付金が交付されている。この交付金は、施設型給付等の基本分単価や加算を含むもので、人事院勧告に伴う処遇改善や各種処遇改善加算などに対応するものとなっている。

　2023年度については、次の項目が予算措置されている。

① 　新子育て安心プランに基づく保育所等の受け皿整備に伴う利用児童数の増（＋1.7万人）

② 　保育士・幼稚園教諭等の3％程度（月額9千円）の処遇改善に係る満年度化、2022年人事院勧告に伴う国家公務員給与改定への対応

③ 　チーム保育推進加算の充実

　　比較的規模の大きな保育所（利用定員121人以上）について、25：1の配置が実現可能となるよう、2人までの加配を可能とする（現行は保育所の規模にかかわらず1人）拡充を行い、保育士の負担軽減、こどもの安心・安全な保育環境の整備を推進する。

　　これまでと同様に、複数保育士のチームによる保育体制や職員の平均経験年数（12年以上）等に一定の要件あり。

④ 　主任保育士専任加算等の要件についての特例の創設

　　0歳児3人以上の利用に係る要件について、①0歳児の利用定員が3人以上あり、かつ、②3人以上の0歳児保育を実施する職員体制を維持している場合には、新型コロナウイルス感染症による利用控えが想定される2023年度に限り、前年度に要件を満たしていた月については、引き続き、要件を満たすものとして取り扱う。

⑤ 　処遇改善等加算Ⅱの他の施設への配分に関する期限の延長

　　処遇改善等加算Ⅱの加算額の一部を同一の者が運営する他の施設・事業所に配分することができる取り扱いの期限について、2022年度末までから2024年度末までに延長する。

　なお、施設型給付や地域型保育給付という公定価格に関しては、「保育所等における継続的な経営情報の見える化」を図ることが今後の大きな課題となる。この見える化については、2023年5年1月からこども家庭庁の「子ども・子育て支援制度における継続的な見える化に関する有識者会議」で検討を重ね、同年8月28日に基本的な考え方や在り方などを盛り込んだ報告書を取りまとめた。これを受けて、「子ども・子育て支援制度における継続的な見える化に関する専門家会議」を同年11月から立ち上げ、具体的な制度設計に向けた検討が行われている。

　見える化の仕組みは、保育士等の処遇改善や配置改善等の検証を踏まえた公定価格の改善を図ることを主たる目的として、保育所や認定こども園、幼稚園等の施設・事業者の経営情報の公表やデータベース化など、継続的な見える化の仕組みの構築を進めようというもので

ある。具体的には、給付を受けているすべての施設・事業者が経営情報を国のデータベースに報告・届出して、施設・事業者ごとの経営情報（人件費比率やモデル賃金など）を公表するほか、運営主体や施設形態などによってグルーピングした集計・分析結果も公表することを目指している。

### ⑷ 保育所の空き定員等を活用した未就園児の定期的な預かりモデル事業（2023年）

　普段、保育所や幼稚園等を利用していない未就園児を、保育所等で定期的に預かることで、専門家による良質な成育環境を確保し、他児とともに過ごし遊ぶ経験を通じ子どもたちの発達を促すだけでなく、育児疲れによる負担を抱える保護者に対する継続的な支援や、必要に応じて関係機関と連携した支援を行うことができる。そこで、定員に空きのある保育所等において、未就園児を定期的に預かり、利用促進の方法、利用認定の方法、要支援家庭等の確認方法や、保護者に対する関わり方などを具体的に検討し、保育所の多機能化に向けた効果を検証するモデル事業を実施した。

　また、こども未来戦略に示された「こども誰でも通園制度（仮称）」については、本格実施を見据えた試行的事業を実施することとし、2023年度補正予算にそのための経費が盛り込まれた。試行的事業の実施に向けて、その在り方を検討し、試行的事業の実施方針を取りまとめるため、「こども誰でも通園制度（仮称）の本格実施を見据えた試行的事業実施の在り方に関する検討会」が開催され、12月25日には中間取りまとめがまとめられた。

　試行的事業においては、補助基準上1人当たり「月10時間」が利用の上限とされているほか、定員割れの範囲内での受け入れでも、別に利用定員を設ける場合でも差し支えないことなど、利用者や事業者にとって煩雑な仕組みが検討されていることから、全国認定こども園協会としては、保育することができる時間を増やすなどの措置を講ずるよう求めている。

第 4 章

# こども家庭庁設置
──新たな少子化対策と認定こども園──

＊第 4 章の執筆者の所属・肩書は、2024年 3 月現在のものです。

## こどもまんなか社会を具現化する<br>センターとしての認定こども園への期待

秋田喜代美●学習院大学文学部教授

こども家庭庁の2023年4月の発足とともに、こどもまんなか社会が目指されている。これは社会のあり方に対する価値のイノベーションであるとも言える。人口減少社会の少子化状況において、社会の活性化としての人の絆を回復するには、各地域において乳幼児期からの子どもを中心とした人のネットワークが創り出されることが求められている。

**地域子育て支援センターの機能とこども誰でも通園制度**

認定こども園は、就園する子どもたちだけではなく、未就園の子どもと地域の子育て支援の機能が設立当初より求められてきた。2024年度から試行実施予定のこども誰でも通園制度は2023年度秋からその詳細が決まっていった。認定こども園でもその機能を担う園が多くあるだろう。こども誰でも通園制度は、補助金事業ではなく新たな給付制度である。全国どこでも保護者が申請することで通園が可能となる。月あたり時間は試行段階では月10時間である。家庭でのワンオペ育児で孤立化する親にとって、地域の園とつながる機能をもつ。すでにかかりつけ医のようにマイ保育園制度などを行なっている地域もあるが、これからはさらに保護者にとってはレスパイト機能や育児について親が学ぶ場、親同士がつながりあう機能を有することが可能となるだろう。何よりも子どもにとっては、経済格差が大きくなる中で、絵本や遊具、自然などの環境にふれあう機会がもたらされることになるし、定期的な通園であれば、虐待の早期発見にもつながる。

筆者は、2022年3月に内閣府委託調査研究「認定こども園における子育て支援事業の取り組み等に関する調査」の座長として参画し、調査報告書をまとめた（株式会社リベルタス・コンサルティング，2022）。全国すべての認定こども園8585園にWEB調査を行い3254件（回収率37.9％）の回答（社会福祉法人（45.5％）、学校法人（32.9％）、市区町村（17.8％））を得るとともに15園へのヒアリング回答協力を得た。

その結果として、子育て支援事業は、①地域の親子が交流する場の開設（85.2％）、③一時預かり事業（施設型）（67.9％）、②家庭への情報提供・相談事業（46.3％）と、保護者・家庭への支援が中心。子育て支援者に関わる支援である④⑤は、1～2割程度。③一時預かり事業（訪問型）の実施は、1.8％ということであった。特に①地域の親子が交流する場の開設、③一時預かり事業（施設型）は、在園児以外（「3歳児以上」よりも「0～2歳」を対象）の割合が高い。②家庭への情報提供・相談事業、④保護者と子育て支援者の連絡・調整、⑤保護者と子育て支援者に対する情報提供は、在園児・在園児以外のどちらも対象としている割合が高いこともわかっている。ここからは、すでに地域の未就園の子育て家庭への支援機能を認定こども園が担ってきている様子がうかがえる。

しかしながら、地域子育て支援拠点事業の支援拠点になっている園は全体の39.0％しかない。そして支援拠点になっていない理由は、「人員体制がととのっていない」が37.8％、「自

治体に採択されない」が25.8％。また、半数は支援拠点と連携していなかった。職員数が多い認定こども園の方が、取組の種類が多いこともわかっており、今後園児が人口減とともに減少する地域が多い中で、園が多機能化を求められていく時に、その体制の問題は避けて通れないであろう。

**連携ネットワークにより保育の質向上を進める**

地域の中で乳幼児期のネットワークが創られるとともに、架け橋プログラムによって、地域での園小連携・接続へと発達の連続性を保障していくことが、重要である。小学校との連携・接続によって、乳幼児期に必要な経験は何かをあらためて自覚化することができたり、異なる専門家から自分たちの保育教育がどのように意味づけ価値づけを与えられるのかを学ぶことは、自園の中だけに閉じていてはできないことである。また子ども同士だけではなく、保護者や地域の人たちとも、具体的な子どもの姿を共有しつながりあっていく。これが中学校区の学区へとつながっていく核となって、子どもを中心とした街づくりにもつながっていくだろう。地域は乳幼児にとっても小中学生にとっても数々の学びのリソースをもった場である。社会に開かれた教育課程がうたわれる時代に小学校や地域社会につながった保育をしていくことが、保育の質の向上への一つの機動力ともなるであろう。地域によってその特徴はいろいろであるが、その地域の独自性をもった連携ネットワークによって、地域に誇りをもつ子どもたちを育てていくことが求められよう。地域の素材、地域の社会文化的活動などを大事にし、感性感覚を生かした保育が、バーチャル時代にはさらに求められることになる。

またこのような地域での連携・接続と同時に、認定こども園同士が、地域の園間で、全国で同じ志や興味関心をもった園や保育者同士が学び合い、互いの知恵を共有していくことがこれからの時代には一層求められる。コロナ禍によってオンラインネットワークも可能となった。全国認定こども園協会ではいち早くオンライン研修なども実施し、そのプラットフォーム機能を果たしてきた。これからの大きく変わる時代には、外からの風として地域の養成校や自治体、研修のアドバイザー等を招いて自園の知恵をより豊かにしていったり、自園の研修の仕方をリデザインしてみたりするという外から内へと同時に、自分たちの園の実践や悩み・課題を他園とも共有しながら協働探究していくことが重要になる（秋田，2023）。子どもの姿や新たな実践の試みにワクワクを共有し、他園の事例を自分事としてつなげられる学び上手な認定こども園ネットワークに大いに期待したい。

【引用文献】
●株式会社リベルタス・コンサルティング『「認定こども園における子育て支援事業の取り組み等に関する調査」調査報告書・事例集（令和3年度内閣府補助事業）』2022年
●秋田喜代美『研修アドバイザーと共に創る新しい園内研修のかたち』フレーベル館，2023年

# こども基本法施行と認定こども園

池本美香●日本総合研究所調査部上席主任研究員

　2023年4月、こども家庭庁創設とともに、こども基本法が施行された。国連は子どもの権利条約批准国に対し、子どもにかかわる政策に責任を持つ部局と、子どもの権利について定める国内法の整備を求めてきたが、わが国は1994年の条約批准以降、いずれもない状況が続いていた。全国認定こども園協会は発足当初より「子どもの最善の利益」を掲げ、すでに素晴らしい実践が行われているところだが、今般のこども基本法施行をふまえ、子どもの権利実現に向けた取り組みのさらなる強化が期待される。今後の課題として3点挙げたい。

**乳幼児期の子どもを誰一人取り残さない**

　一つめは、子どもの権利条約の原則である「差別の禁止」である。障害、国籍、経済状況など、いかなる理由でも差別されず、すべての子どもに、条約の定めるすべての権利を保障することが求められるが、現状、十分ではない。例えば、障害を理由に保育施設への入園が認められないケースがあり、障害のある子どものみを対象とする児童発達支援事業所が急増している。国連子どもの権利委員会は、障害のある子どもの権利として、インクルーシブ教育を目標にすべきだとしており、2022年8月に行われた国連障害者権利委員会による審査において、わが国の分離教育が問題視された。

　専業主婦（夫）家庭の子どもが保育所に通えず、親子の孤立が虐待のリスクを高めていることや、子どもの健康・発達に必要な遊びの機会や情報が不足していることも課題である。国は専業主婦（夫）家庭の子どもが週数時間程度、保育施設を利用できるようにする「こども誰でも通園制度」の具体的な検討に入ったが、定員割れ対策としてではなく、すべての子どもの権利保障のための制度づくりが求められる。児童相談所における児童虐待相談対応件数は増加の一途を辿っており、2022年度速報値では約22万件で、虐待による子どもの死亡例（心中と心中以外の合計）74件の約7割は5歳未満である。「こども誰でも通園制度」が、利用を申し込んだ家庭に対し、空き定員の範囲で時間を限定して利用を認めるだけでは、最も困難な状況にある親子を救うことはできない。フランスでは小児看護師が、担当地区の妊娠から3歳未満のすべての子どもの状況を把握し、3歳からは義務保育なので保育施設が全員の状況を把握し、気になることがあればすぐに専門職が対応するという[*1]。わが国でも、すべての乳幼児の権利保障のためには、母子手帳交付時などにマイ保育施設登録を求め、保育施設が担当の家庭の状況を常に把握し、支援していくような仕組みが必要ではないだろうか。

　少子化が加速するなか、子どもの少ない地域における子どもの権利保障についても、今後検討が必要である。定員割れや保育士不足などで廃園や統合となれば、遠くの施設に通わなければならなくなり、その地域の子どもが一層減るなど、子どもにマイナスの影響が生じかねない。自然保育や保育園留学の受け入れ、ICTを活用した他施設との交流などで活動を

豊かにしつつ、20人以下の小規模認定こども園制度を検討することなども課題となろう。

## 安全・安心の徹底

　二つめは、子どもの権利条約の原則である「命を守られ成長できること」をふまえ、安全・安心の確保を徹底することである。前述の家庭での虐待の増加に加え、保育施設における安全・安心も揺らいでいる。保育施設における死亡や治癒期間30日以上の重篤な事故件数は、2022年には1896件で、5年前の2倍以上であった。保育施設において2022年4月から12月の間に、脅迫的な言葉がけや乱暴な関わりなどの不適切な保育が1316件、うち「虐待」が122件確認されたとの調査結果も国から公表された。

　目下、国は保育者や教員などによる子どもに対する性犯罪を防ぐため、イギリスの制度を参考に、性犯罪歴等の確認を求めて就業を制限する仕組みの導入を検討している。もっとも、この制度では初犯を防ぐことはできない。イギリスでは慈善団体が、子どもや親に対して性被害を予防する方法を、リーフレットのほか歌、動画なども使って周知する活動を展開している[2]。認定こども園にも、こうした予防のための取り組み強化が期待される。

## 子どもの生活の質の向上

　三つめは、子どもの権利条約の原則である「子どもの最善の利益」と「子どもの意見の尊重」を徹底することである。これまでのやり方や伝統に固執せず、子どもにとって最も良いことは何か、子どもはどう思っているのか、について問い直す必要がある。子どもの権利の実現とは、単に差別がなく、安全・安心であることだけでは不十分である。すべての子どもが好きなことに思いっきり取り組める、失敗しても許され助けてもらえる、応援してくれる先生や友達がいる、楽しい時間や居心地の良い場所があるなど、高いレベルの生活の質を目標とすべきである。わが国では、家庭の経済状況や親の力量に子どもの生活の質が左右されることを当然視する向きもあるが、誰にでも幸せな子ども時代が保障されなければならない。格差が生じやすい自然体験、スポーツ、ICT活用、音楽などの芸術活動、外出や旅行、心地良い空間などを、認定こども園で保障していくことも期待される。

　イギリスでは校庭を、子どもも参画して緑と遊びの場に変え、放課後や学校休業日にも開放することを政府が推奨している[3]。認定こども園も、空間の在り方を見直すことで、子どもに豊かな体験や時間を保障できる可能性がある。おしゃべりできるテーブルやベンチ、隠れられるスペースがある。木登りができたり、動物や虫や魚がいたり、自転車を乗り回せる。たき火や暖炉でほっとできたり、自由にパソコンや楽器が使えたり、楽しい本がある。認定こども園には、子どもの声を聴きながら、子どもの生活の豊かさを追求してほしい。

【参考文献】
＊1：安發明子『フランスの子どもの育ちと家族───一人ひとりに届ける福祉が支える』かもがわ出版，2023年
＊2：NSPCC. *Talk PANTS.*
　　（https://www.nspcc.org.uk/keeping-children-safe/support-for-parents/pants-underwear-rule/）
＊3：池本美香「学校教育時間外における学校空間活用の現状と課題」『JRIレビュー』第7巻第110号，2023年，pp.53-74

# 全ての子どものウェルビーイングをめざして

大方美香●大阪総合保育大学大学院教授・学長

　ここでは、「全ての子どものウェルビーイングをめざして」、これからの共生社会の実現に向けて園で大切にしたいことは何かを考えていきたい。

　「共生社会」とは、すべての人、がお互いの人権（私たちが幸福に暮らしていくための権利）や尊厳（その人の人格を尊いものと認めて敬うこと）を大切にし、支え合い、誰もが生き生きとした人生を送ることができる社会のことである。多様な人々が、分け隔てなく暮らしていくことのできる社会であり、障害のある人もない人も、支える人と支えられる人に分かれることなくともに支え合い、さまざまな人々の能力が発揮されている活力ある社会といえる。認定こども園では、人としての尊厳を守ること、一人一人が大切な存在であるという生きる価値観の基盤をしっかりと育むことが重要である。

　2023年4月1日、「こども基本法」が施行された。第3条では、互いの人権の尊重につながるものとしてこども施策の基本理念が6点掲げられている。

①　全てのこどもについて、個人として尊重され、その基本的人権が保障されるとともに、差別的取扱いを受けることがないようにすること。

②　全てのこどもについて、適切に養育されること、その生活を保障されること、愛され保護されること、その健やかな成長及び発達並びにその自立が図られること。その他の福祉に係る権利が等しく保障されるとともに、教育基本法の精神にのっとり教育を受ける機会が等しく与えられること。

③　全てのこどもについて、その年齢及び発達の程度に応じて、自己に直接関係する全ての事項に関して意見を表明する機会及び多様な社会的活動に参画する機会が確保されること。

④　全てのこどもについて、その年齢及び発達の程度に応じて、その意見が尊重され、その最善の利益が優先して考慮されること。

⑤　こどもの養育については、家庭を基本として行われ、父母その他の保護者が第一義的責任を有するとの認識の下、これらの者に対してこどもの養育に関し十分な支援を行うとともに、家庭での養育が困難なこどもにはできる限り家庭と同様の養育環境を確保することにより、こどもが心身ともに健やかに育成されるようにすること。

⑥　家庭や子育てに夢を持ち、子育てに伴う喜びを実感できる社会環境を整備すること。

　これからの社会には、誰もが相互に人格と個性を尊重し支え合い、人々の多様な在り方を相互に認め合える全員参加型の社会、様々な人の活躍できる社会となることが求められている。

## 子育てをする者のライフステージに縦断的な理解を示す

　未来に向かって子育てをする者は、今後ハイリスク出産等多様な年齢層、多様なライフステージ等が存在するようになる。認定こども園は、こども基本法の趣旨や内容について理解を深めるための情報提供や啓発を行うとともに、子どもの権利条約の認知度を把握しつつそ

の趣旨や内容についての普及啓発に取り組むことが大切である。

　認定こども園では、日々どのような支援をしているのか、外からはわかりにくい。そのため、例えば、ドキュメンテーション、エピソードを創意工夫しながら、子どもの育ちつつある姿や面白さを保護者に発信するのも一つの方法である。保護者がスマホ等でタイムリーに子どもの姿や園だより、持ち物等をリアルな情報として得ることができ、「今日はどのような遊び活動で、何を面白がって過ごしたのか」「どのようなエピソードがあったのか」といった認定こども園からの情報をワクワクしながら待ちわびるような内容を期待したい。このことは、在園児のみならず、これから出産する方々にも「子育てへの見通し」が伝わるように、来園時やWEB上で一部見られるように発信するのもよいだろう。

　認定こども園は、これからは、「こども誰でも通園制度」が始まることもあり、親の就業の状況にかかわらず、多様な受け入れが必要である。認定こども園は、今までの枠を超え、さまざまな創意工夫をすることが求められると同時に、未来への可能性を秘めているといえる。

### 「子どもの育ち」に係る質──多様な遊びや体験、活躍できる機会づくり

　認定こども園には、家庭における多様な子どもの育ち、環境を尊重しつつ、子育てをする者の「子育て」を支えることだけでなく、「子どもの育ち」に係る質にも目を向けることを期待したい。

　子どもにとって身近なことは、大人の生活である。その大人の生活のあり方が大きく変化した今、子どものごっこ遊び、見立て遊びもまた変化している。従来、家庭や地域の中で、様々な人と関わりながら身につけた「生きる力」とは何かを今、問い直す時期である。家庭の中の日常の仕事や道具、物の環境、自然環境、人の環境は様々である。かつて、子どもは、その生活から市民的社会生活や産業的社会生活にも触れることができた。家庭での育ちと地域社会での育ちが連続性を持っていた。「遊び」として、想像的な形ではあるものの、家庭で行われる仕事を、本物の素材を用いて再現するようなごっこ遊びがある。家庭での日常的な仕事を、子どもは遊びの中で現実性（reality）を伴って再現してきたといえ、同時に、言葉と行いも遊びながら一致してきたといえる。

　認定こども園は、在園時間や期間が長いだけに、必要な体験を保育内容として精査する必要がある。カリキュラムマネジメントが求められるゆえんである。どのような積み重ねが必要か、そのためにはどのような環境が必要かを考えなければならない。各家庭では体験できなくなってきたからこそ、認定こども園における可能性は深く、広く、大きいといえる。

　その中には、子どもや子育て世帯の目線に立ち、子どものための近隣地域の生活空間を形成する「こどもまんなかまちづくり」を加速化することも考えられる。子どもの遊び場の確保や、親同士・地域住民との交流機会を生み出す空間の創出などの取組の推進もある。

　幼児期の教育は、生涯にわたる人格形成の基礎を培う重要なものであることから、認定こども園は、安心・安全な環境の中で、幼児教育・保育の質の向上を図ることがますます求められる。

# 子育て支援の理念と必要性が社会全体に共有されるために

大日向雅美●恵泉女学園大学学長、NPO法人あい・ぽーとステーション代表理事

2023年4月に「こども家庭庁」が発足した。国・社会をあげて子どもの育ちと子育てを支援することは、2015年に施行された「子ども・子育て支援新制度」の基本理念であり、その実現に寄与するフラッグシップ的機能を担う部署が明確化されたことは喜ばしい。しかし、子育て当事者の親の間には依然として子育て困難に苦しむ声が少なくない。社会の風が明らかに子育て支援に向かって吹いている今こそ、「子育てを社会全体で支える」ことについての十分なコンセンサスが必要である。

## 「こどもまんなか」を言うのであれば

こども家庭庁の基本姿勢は、「こどもを誰一人取り残さず、こどもの最善の利益を第一に考えた政策を推進することにある」とされている。いわゆる「こどもをまんなか」に置いた視点の推進である。児童虐待、いじめや不登校、格差の拡大等々、子どもをめぐる昨今の状況の厳しさからみても、この視点の重要性は言うまでもなく、その推進に社会をあげて全力で取り組む必要がある。

しかし、子どもの生きづらさは同時に親の生きづらさでもあることを看過してはならない。子どもがその人権を保障され、健やかに自分らしく育っていくためには、その傍らに寄り添い、共に生きている親もまた、親であると同時に一人の人として、自分らしく生きることが保障されていることが必要である。それが叶えられているだろうか。親の生きづらさの一つに、仕事と家庭のバランスのとりづらさがある。この点で父親の問題も近年着目されているが、本稿では紙幅の関係もあって、特に母親の問題に焦点をあてて考えてみたい。

女性活躍が言われている一方で、「仕事も子育ても」と望むと、あたかも"罰ゲーム"を受けるようだという声が昨今、子育て世代の女性からよく聞かれる。この声は一体何を意味しているのか。一昨年の春、イスラエルの社会学者オルナ・ドーナト氏の著書『母親になって後悔してる』が日本にも紹介された折の社会の反響を振り返ってみたい。「そんなことを口にするなら、産まなければ良かったではないか！」「子どもに失礼だ」「人格的に異常者ではないか！」等の声が多く聞かれた。

タイトルは衝撃的だが、女性たちは子育ての大切さも子どもを愛することも否定しているのではない。自分の人生も大切にしたい、子育てですべてを失いたくない！　と言っているのである。女性たちの切実な心の叫びに、私たちはどう応えるべきなのか？　子どもの健やかな成長を願い、子育て支援を語るときの原点はまず、ここに置くべきであると考える。

## 若い世代のライフスタイル志向とのずれ

政府は少子化を日本社会の有事と捉え、「異次元の政策」を打ち出している。しかし、若い世代の女性たちの声を聞くと、自分たちの生活実態や求めていることとの乖離があり、まさに異次元のものに思えるという。少子化の主因は、若い世代が結婚や子育てに消極的なこ

とだが、その背景にはライフスタイル志向における明確な変化がある。40代前半から30代前半の第２次均等法世代（1978〜1982生）と女性活躍推進法世代（1988〜1992生）が理想とするライフコースは、従来の専業主婦や再就職コースから両立・就業継続へと移行している（人口動態調査2022）。それにもかかわらず、日本社会の現状はそうした希望と大きく乖離している。単に結婚奨励や子育てへの現金給付等で解決される問題ではない。

**子育て支援は親（母親）の人生支援**

　日本社会は子育て支援を言いつつ、子どもの傍らで共に生きている親、とりわけ女性の人生や生活への視点も配慮も欠いていることを痛感させられたのは、2019年、突如として襲った新型コロナウイルスの世界的感染の折であった。一斉の登校登園自粛の処置がとられ、親のテレワークが推奨された。感染対策の必要からとはいえ、家の中に閉じ込められる子どもたちとその世話に明け暮れる親、とりわけ母親の苦しさにはほとんど配慮がなかった。

　しかし、そこに真っ先に切り込んだのが全国認定こども園協会であった。「新型コロナウイルスに係る就学前の子育て家庭への緊急アンケート調査」（オンライン）を実施され、全国47都道府県の０歳から６歳までの子どもを持つ保護者から寄せられた計6108件の回答から、緊急事態宣言の発令や外出自粛下での子育てに悩み疲弊する実態を浮き彫りにした。日本プレスセンターで行われたオンライン記者発表の模様が忘れられない。次々とチャットに書き込まれる質問には、参加した記者たちの熱意が溢れていた。大半は女性記者だった。自身もまたワーキングマザーとして、在宅ワークと子育ての狭間で苦しんでいた記者たちは、早速、翌日から全国のさまざまな媒体に記事を発信した。これがコロナ禍の闇の中に放置されていた子育ての実態の厳しさ、とりわけコロナ禍を理由に再び育児に閉じ込められようとしている女性たちの現実に社会の目を向けさせる大きな契機となったのである。

**認定こども園への期待**

　未曽有のコロナ禍に社会全体が翻弄され右往左往している最中、なぜ全国認定こども園協会がいち早くこうした一石を投じることができたのか。それは認定こども園が、親の生活状況や家族形態のいかんにかかわらず、子どもに良質な保育を提供することを基本理念とし、地域に暮らすすべての親や家庭の実態を日々、肌感覚で把握されているからにほかならない。保育は子どもと共に生きる親や家族の日々の暮らしに寄り添うことでもあるという姿勢が、未曽有のコロナ禍という有事の際に底力を発揮しえたものと言えよう。

　これから私たちが迎える社会は、常に未曽有の社会状況と対峙することが求められるニューノーマル時代と言われている。社会変動と共に子どもと親、家族をめぐる多様化と課題への対峙にはこれまで経験したことのない困難さが想定される。しかし、外部環境がどんなに変化しようとも、「こどもをまんなか」にした視点の重要性は不変であり、そのためにも親への支援もまた従前以上に必要とされることと考える。その課題を克服できる術があるとすれば、認定こども園がこれまで培っていらした、地域の中で子どもと親・家族を常に見守り、共に生きるという「現場第一主義」の視点と感性、そして、実践力にある。認定こども園のさらなるお働きに心から期待をさせていただきたい。

# 「こどもまんなか社会」時代の認定こども園への期待

大豆生田啓友●玉川大学教育学部教授

## 「こどもまんなか社会」時代の中で

　2023年度はこども家庭庁が生まれ、「こども基本法」が施行された年であった。そして、「こども大綱」および「幼児期までのこどもの育ちに係る基本的なビジョン」（以下、「育ちビジョン」）と「こどもの居場所づくりに関する指針」が出された。2024年度は具体的にこれらが全国で広められていくであろう。また、「こども未来戦略」および「加速化プラン」等が示され、「職員の配置基準改善」もそこに含まれている。いよいよ「こどもまんなか社会」に向けた取り組みが具体的にスタートし始める。

　特に、「育ちビジョン」は、サブタイトルに「はじめの100か月の育ちビジョン」とあるように、その目的は、「全てのこどもの誕生前から幼児期までの「はじめの100か月」から生涯にわたるウェルビーイング向上を図ること」とされている。これは、国民全体で「はじめの100か月」を支えるための羅針盤を示したものである。地域においてその重要な中核的な役割を担うのが認定こども園などの園であると考えられる。そこで、ここでは「育ちビジョン」が示す5つのビジョンを通して認定こども園への期待を述べたい。

## こどもの権利と尊厳を守る

　「育ちビジョン」の5つのビジョンの第一は、「こどもの権利と尊厳を守る」である。乳幼児は生まれながらに権利の主体であること、生命や生活を保障すること、乳幼児の思いや願いを尊重すること等が記されている。まさに、すべての子どもの尊厳が守られるという「こども基本法」の根幹になるものだ。近年、「不適切な保育」が大きな社会問題となっているが、むしろ、園は赤ちゃんから子どもを一人の人間として尊重するようなかかわりを家庭や地域に広げていくモデル的な役割として期待される。家庭環境も多様化する中で、まさに園の役割はますます大きくなる。

## 安心と挑戦の循環——アタッチメント、安心および遊びと体験が育ちの基盤

　第二は、「「安心と挑戦の循環」を通してこどものウェルビーイングを高める」ことである。ここに、乳幼児の育ちの根幹となる「愛着（アタッチメント）」がもたらす「安心」と「挑戦（遊びと体験）」の重要性が示されている。アタッチメント、安心に加え、「遊びと体験」の重要性が示されたことの意義は大きい。しかし、「安心」があれば、「挑戦」が生まれるという単純な図式ではない。遊びが豊かな（世界を広げるための）学びとなるための「環境」つまりは、「足場かけ」（scaffolding）が重要になる。園は群れの場であるからこそ、遊びが豊かな学びになっていくことの重要な拠点となりうると考えられる。まさに、子ども主体の質の高い保育とその専門性がすべての園で求められる時代である。

## 「こどもの誕生前」から切れ目なく育ちを支える

　第三は、「「こどもの誕生前」から切れ目なく育ちを支える」である。「育ちビジョン」で

は、産前産後からの支援の重要性を示しているほか、切れ目ができがちな幼児期から学童期、あるいは学童と乳幼児のかかわりなどにも注目している。これは、「幼保小の架け橋プログラム」が学童期との切れ目を支えるものであることや、新たにスタートする「こども誰でも通園制度」が３歳までの未就園の切れ目を支える仕組みであることにも通ずるものといえる。これらは課題も大きな制度ではあるが、その期待や社会的な意義も大きく、どのように体制を整備し園で運営を行っていくかも重要なテーマである。

### 保護者・養育者のウェルビーイングと成長の支援・応援

第四は、「保護者・養育者のウェルビーイングと成長の支援・応援」である。保護者・養育者が機嫌よく子どもにかかわることが大切だと言われる。最近の調査でも保護者の子育てへのネガティブな感情が増加していることが示されている。だからこそ、保護者への「支援・応援」は不可欠であり、保護者が子どもにかかわることの喜びにつながることが求められる。ただ、それは単に保護者にとっての便利なだけのサービスであってはならない。「子どもにかかわることの喜び」につながるための連携・協働型の支援の在り方が求められる。

### こどもの育ちを支える環境や社会の厚みを増す

第五は、「こどもの育ちを支える環境や社会の厚みを増す」である。子どもに日常的に接する機会がある人だけでなく、そうではない多くの地域の人が何らかの形で子どもの育ちにかかわる機会が少しでも生まれる、社会全体での体制づくりが求められる。筆者はその拠点として認定こども園などの園の役割が大きいと考えている。園における保育の多機能化が求められているが、そことのかかわりも大きい。

ひろばやカフェ、学童保育、産前産後支援、障害児支援、こども食堂など多様な地域の人とのつながりもその一つである。また、散歩等を通して地域の人たちとの積極的な交流を行う「まち保育」的な視点がさらに重要となるだろう。さらに、近隣の農家や企業、学校、文化施設とのコラボレーションは子どもの学びの資源を広げるだけではなく、地域の人が子どもにかかわる機会にもつながっている。また、小中高校生などとの定期的な異年齢・異世代交流は、乳幼児にとってのメリットだけではなく、青少年が幼い子どもを世話することへの喜び、言い換えれば親性の育成につながることも期待される。

### 「はじめの100か月」の育ちを支える拠点としての認定こども園への期待

以上、「育ちビジョン」の５つの視点の説明と絡めて、認定こども園への期待を述べてきた。産前産後から幼児期までの「はじめの100か月」の育ちの総合的な政策がこのように示されたことはわが国では初めてのことであり、画期的なことだと考える。「こども大綱」の中にもそうした乳幼児期の内容のエッセンスが含まれており、今後、こども家庭庁が司令塔になって具体策を一体的・総合的に推進することになるが、いかにしてこの「育ちビジョン」が実効性を持ちうるかが鍵になるだろう。

つまり、求められることは、これを絵に描いた餅にしないこと。そこで、地域の乳幼児の育ちの最も中心的な役割を果たしている認定こども園等の園の役割への期待は大きい。園が社会的に重要な機能を有すること、それは子どもの育ちやウェルビーイング向上のみならず持続可能な社会形成の重要な役割を果たすことにもつながると期待している。

# 認定こども園の存在意義と期待される役割

柏女霊峰●淑徳大学総合福祉学部特任教授

## こども家庭庁の創設とその意義

　2023年4月から、内閣府の外庁としてこども家庭庁が創設されている。こども家庭庁の発足は、平成期に子ども・子育て政策が分野ごとに大きく推進された半面、その副作用として制度間の切れ目が大きくなり、令和期の課題として、包括的で切れ目のない支援体制の整備が浮かび上がってきたことが契機と言ってよい。同月にはこども基本法も施行され、子ども本人や子育ての当事者の視点が重要視されるようになった。2021年12月に閣議決定された「こども政策の新たな推進体制に関する基本方針」では、こども家庭庁を含めた今後のこども政策の基本理念が6点提示されており、筆者はそのうち以下の3点が重要と考えている。

⑴　こどもの視点、子育て当事者の視点に立った政策立案

⑵　こどもや家庭が抱える様々な複合する課題に対し、制度や組織による縦割りの壁、年齢の壁を克服した切れ目ない包括的な支援

⑶　待ちの支援から、予防的な関わりを強化するとともに、必要なこども・家庭に支援が確実に届くようプッシュ型支援、アウトリーチ型支援に転換

　この3点は、今後の子ども家庭福祉、保育の方向性を明確に示している。設置を契機として、これらの理念を踏まえた制度構築と実践方法の開発が求められる。しかし、時代が変わっても変わらないもの、変えてはならない理念や制度、実践もある。

## 認定こども園に期待される役割——認定こども園の発達観、保育観

　筆者は、学生時代のキャンプリーダー、ボランティア活動以来、半世紀にわたって、セツルメントから出発した社会福祉法人の運営に携わっている。そこでは、保育所、児童館、学童クラブ、児童養護施設が続けられている。保育所は、2022年度からようやく幼保連携型認定こども園に認可替えでき、全国認定こども園協会にも加盟した。認可替えにあたり、私たちが大切にすべき園の理念についても職員間協議が進められた。以下は、本稿のために執筆してもらった新園長の所感である。

　「興望館は2022年4月、幼保連携型認定こども園へと移行しました。移行手続きを進めていくなかで、思ったことは、就労要件に縛られることなく、保育・教育を必要とする子どもが利用できる体系への移行は必然ということでした。また、発達を注視していく必要のある子どもが増えているということは、近隣の園との間でも話題に上っています。子ども達の健やかな発達のため、様々な機関を利用するには、保護者の方の多くの労苦が伴うであろうことが想像されます。目の前の子どもだけでなく保護者も含めて、幅広く子育てを考えていくことが、今後の施設運営には必要なのではないかと考えています」

　つまり、親の状況によって子どもが転園させられたり、行き場を失ったりすることのない社会をつくること、それが子ども中心の社会の実現であり、ソーシャル・インクルージョン

（社会的包摂）をめざす制度であるといえる。また、子育てのための様々な制度を個人の責任で活用するよう求めるだけでなく、例えば介護支援専門員がいくつかのサービスを組み合わせたケアプランを作成して支援するように、子ども分野でも包括的な支援ができる体制整備を行うことが必要とされる。この実現も、認定こども園の根底を流れる社会観といえる。2023年度の全体研修では筆者が講師を務め、改めて子どもの発達を踏まえた保育観について確認する作業を進めた。

　保育の根底を流れる発達観、保育観を保育所保育指針、幼保連携型認定こども園教育・保育要領から整理すると、以下のようになる。これは、時代が変わっても大きく変わるものではなく、こども家庭庁で議論が進められている幼児期までのこどもの育ちに係る基本的なビジョンにも引き継がれている。

　「特定の大人と子どもとの応答的関係が子どもの基本的信頼感を醸成し、その関係をベースキャンプとして子どもは外の世界と関わりをもつようになる。その際、同年齢との子ども同士のコミュニケーションをとおして、様々な葛藤や感動などの体験を重ねつつ、これまでの大人との配慮された垂直的な関係から子ども同士の民主的な関係に気付き、他者とのコミュニケーション能力を身につけていく。そして、他者と共存するためにきまりの大切さに気付き、民主的な人間関係、社会関係をとり結ぶ力を取得していく。これが「生きる力の基礎」を培うことになる」

　このような発達観や人間観に立つ指針は、保育者に特有の援助観、保育観を求めることとなる。それは、「全ての子どもは、自らその可能性を最大限に発揮していく力を有しており、保育士は、その主体的力を最大限尊重する。保育士は子どもとの絆を形成し、そこからの旅立ちを促し、この絆をもとにして、人として生きるのに欠かせない民主的な人間関係の取り結び、生きる力や個の尊重、他者との共生などを培っていく」という保育者像につながる。「子どもや保護者を受け止め、その主体性を尊重して支援する」保育士像といえる。こうした保育観に立つ保育士の役割は、次の４点に凝縮される。

① 　親と子の間に介在し、よりよい親子関係の形成に寄与する
② 　子どもとの応答的な関係を取り結び、子どもの安全基地となる
③ 　子ども同士の間に介在し、仲立ちをし、子ども同士の民主的な人間関係の取り結びを支援する
④ 　子ども同士がきまりを守りつつ自主的に活動する場を見守り、必要に応じて介入する

　指針・要領の人間観、発達観、保育観の根底には、人間の進化に対する畏敬、いのちのエネルギーに対する信頼の念、そして、それが故に、子どもの主体性を尊重する保育の姿勢があふれている。こうした子ども中心の保育観は、時代が変わっても大切にする必要がある。

## おわりに——人口減少時代の保育を創造する

　人口減少時代のなかで保育事業者が取りうる方法は、定員減少、認可替え（幼稚園から幼保連携型認定こども園になるなど）、多角経営、他の法人との連携・合併、業種転換、廃園など多彩に考えられるが、いずれも厳しい経営判断が求められることとなる。関係者が英知を絞り、自らの業務に誇りと責任を持って、未来への扉を開けていかなければならない。

# 保育専門職の明確化と社会的位置付けの強化に向けて

北野幸子●神戸大学大学院人間発達環境学研究科教授

## 人材不足と早期離職の原因である保育専門職に対する社会的評価の低さ

2018年にOECDにより保育従事者対象の9か国比較調査がなされた（OECD, 2019）。どの国においても、保育職は自分の仕事に関する満足度が高いことが示されたが、社会や、保護者、子どもからの評価（保育者が感じる評価）は、日本がいずれについても著しく低く、最下位であった（保護者評価は他の国は約9割、日本は約6割で約30ポイントも低い）。

2023年12月22日に「こども未来戦略」も閣議決定され、試算では、世界最高水準といわれるスウェーデンに匹敵するほどの予算が「加速化プラン」で検討されている。異次元の対策に大いに期待したい。その内実を見ると、保護者の就労との関係での支援が中心との印象を持ったが、筆者は何よりも、保育者にかかわる制度設計が不可欠であると考える。

保育実践のカギは、保育者こそが握っている。人格形成の基礎を培う大切な時期の教育として位置付けられ、児童の権利に関する条約では、教育の権利、表現の自由、意見表明権、遊びとレクリエーションの権利等が挙げられているが、誕生からのその保障について、さらに踏み込んで改善をはかるべきことはすでに各所から指摘されているとおりである。SDGsの目標4、ターゲット4.2も誕生からの質の高い育ちの保障が明示されている。この実現には、その役割を大いに担う保育専門職の機能こそが最も不可欠な要素であるのに、その状況が改善されないことは危機的であると考える。すでに保育現場では、人材不足、早期離職が負のサイクルに転じ、雪だるま式に課題が大きくなっている実態もある。

## 配置基準の見直し

この度の「加速化プラン」では、「「社会保障と税の一体改革」以降積み残された1歳児及び4・5歳児の職員配置基準について1歳児は6対1から5対1へ、4・5歳児は30対1から25対1へと改善するとともに、民間給与動向等を踏まえた保育士等の更なる処遇改善を進める。」とある。大いに期待したい。配置基準の改善の成果を全国認定こども園協会においても調査し、加えて、根拠データをもとに、さらなる改善の必要性の提案を期待したい。

ユニセフのイノチェンティ研究所の報告書8（UNICEF, 2008）では、各国の保育行政担当者と研究者が議論を重ね、保育の質をはかる指標基準（ベンチマーク）10項目を検討し、各国比較を行った。全ての指標基準を満たしていたのは、25か国中スウェーデンのみであった。

なお、配置基準の目標値として提示された最新のものは、2023年欧州連合（EU）の連携組織でもありヨーロッパ23か国50以上の組織が加盟しているCOFACE Families Europe（2023）だと思う。質の高い保育には保育者の配置基準の見直しが不可欠とされ、基準として、2歳児未満＝3：1～4：1、2～3歳児＝5：1、3～5歳児＝10：1が目標として掲げられた。これは「国家資格等のある教育専門職の数」とされており、加配分は含まれて

いない。

## 保育教諭の保育専門職としての明確化を

　保育者に対する社会的評価を実態に即したものに改善するためには、根本的な問題として、保育専門職としての保育教諭の位置付けを法的に整備する必要があると考える。

　表4-1は、国際労働機関（ILO）の定めた、職業の分類である国際標準職業分類（ISCO）の現行版2008年の大項目を、表4-2は表4-1の「2-専門職」のうちの小項目「23-教育専門職」を、表4-3は表4-1の「5-サービス・販売従事者」のうちの小項目「53-身の回りサービス従事者」をあらわしたものである。そもそも保育士は、養護と教育を一体的に行う次世代育成を担っており、誕生からの子どもの育ちを支える専門職なので、「53-身の回りサービス従事者」の「531-保育従事者、教師補助員」に位置付くものではないと考える。ましてや保育教諭は、「2-専門職」の中の「23-教育専門職」の「234-小学校・幼児教育の教員」としての位置付けでかつ、幼児のみならず乳児の教育を担う点を明確にし、法的整備を進める必要があると考える。それこそが、人材確保や定着のための根本的な問題解決に繋がると考える。

　保育者の仕事は、その重要性が語られている一方で、法的整備がなされていないために、次世代育成の教育専門職であるという認識がまだまだ日本では低いことは、先に引用したOECD調査からも明白である。こどもまんなか社会の実現のカギを握るのは、保育者であると考える。その社会的評価が実情に合致するために、自らができることを引き続き、探究していきたいと考えている。

### 表4-1　国際標準職業分類：ISCO-08

| 1 | 管理職 |
|---|---|
| 2 | 専門職 |
| 3 | 技師、准専門職 |
| 4 | 事務補助員 |
| 5 | サービス・販売従事者 |
| 6 | 農林漁業従事者 |
| 7 | 技能工及び関連職業の従事者 |
| 8 | 設備・機械の運転・組立工 |
| 9 | 単純作業の従事者 |
| 0 | 軍人 |
| X | 分類不能、無回答 |

### 表4-2　2-専門職、23-教育専門職

| 231 | 総合大学・高等教育機関の教員 |
|---|---|
| 232 | 職業教育の教員 |
| 233 | 中等教育の教員 |
| 234 | 小学校・幼児教育の教員 |
| 235 | その他の教育専門職 |

### 表4-3　5-サービス・販売従事者、53-身の回りサービス従事者

| 531 | 保育従事者、教師補助員 |
|---|---|
| 532 | 介護福祉従事者 |

【引用文献】
● COFACE Families Europe (2023). *COFACE FAMILIES EUROPE–THEMATIC NOTE, HIGH-QUALITY EARLY CHILDHOOD EDUCATION AND CARE: LOW CHILDREN-TO-STAFF RATIO AS A PRIMARY DRIVER FOR CHILDREN'S WELL-BEING AND FAMILIES' ENGAGEMENT.*
● OECD (2019). *TALIS Starting Strong 2018 Technical Report.*
● UNICEF (2008). *The child care transition, Innocenti Report Card 8*, UNICEF Innocenti Research Centre, Florence.

# ジェンダーギャップの解消と認定こども園

駒村康平●慶應義塾大学経済学部教授

**ゴールディン教授からの忠告**

　2023年のノーベル経済学賞はハーヴァード大学で労働経済史を研究しているクローディア・ゴールディン教授に授与された。ゴールディン教授は長期データを使って、男女の賃金格差、ジェンダーギャップの原因を明らかにした研究が評価されたものである。

　そのゴールディン教授が、ジェンダーギャップ指数が先進国でも最も悪い日本について、以下のようにコメントしている。

記者「難しい質問になるが、出生率の低い韓国や日本に対して何かアドバイスはないか？」

ゴールディン教授「短期的には、それはとても難しいと思います。なぜなら、社会の中で年
　配の人々を教育する必要があるためです。とりわけ、娘よりも（現役世代である）息子の
　考え方をより支配している年配の人々を教育する必要があるからです[*1]」

　このやりとりは、極めて重要な指摘である。ジェンダーギャップ、性別役割分業は少子化がどのように関連しているのだろうか。

**ジェンダーギャップ、性別役割分業と被扶養制度の悪循環**

　日本のジェンダーギャップ指数は先進国でも最悪の状態である。女性の就業率は上昇しているが、多くが非正規であり、男女の賃金格差は、職業上の地位（正社員か非正社員か）、学歴、企業規模などを調整しても、なお先進国で最も大きい。その原因は、仕事と暮らしの両立が難しいこと、特に出産などをきっかけにした女性離職率の高さにある。出産を機会に離職し、その後のキャリア形成が悪化することで経済的損失が大きい（生涯収入が低い）ことを「母親ペナルティー」というが、これが日本は先進国で最も大きい。

　この問題は離職、再就職でも発生するが、離職しなくても発生する。「多くの女性が出産で離職する、育児休業を取る、男性は違う」という「統計」により、企業が個別に女性の能力を判断しないで、昇進などで不利な扱いをするということを「統計的差別」という。このため女性の昇進の機会、役職員になる機会が奪われ、男女賃金ギャップが大きくなる。こうしたジェンダーギャップが、昇進そして賃金差に表れる。そうなると生涯収入の低い女性を税制、年金・健康保険といった社会保険、企業の配偶者手当といった一連の「被扶養制度」で「保護」することになる。この保護が、ジェンダーギャップの再生産に繋がる。つまり女性にとっては、被扶養の枠で働いたほうが「得」になる（社会保険料や税金が安くなる）ので、正社員ではなく非正社員を選択するようになる。

　実際に、2022年の「男女共同参画白書」によると、結婚前と後で、女性は自分の就労所得への期待を大きく変更している。結婚前は、自分の就労所得への期待は大きく、正社員での就業継続を希望しているにもかかわらず、結婚後は「扶養の範囲で働く（非正規でよい）」という回答が大きく増える。実際に結婚・出産すると、仕事と暮らしの両立が難しい問題に

直面する。そして夫の賃金が比較的高い場合は、無理して正社員として、就労する必要はなく、家計の補助、扶養の範囲での就労、つまり非正規労働を選択する。

　ただし、これには、夫の高い賃金、つまり妻は子育て・家事を中心、夫は外での労働を中心とする「性別役割分業」が可能という前提がある。そのためには、夫の賃金がある程度高い必要がある。実際に、2023年経済財政白書では、1）女性が結婚相手として期待する男性への賃金はかなり高く、現実の男性の賃金分布とかけ離れている、2）30代の男性では所得が高い人ほど結婚している、ことが確認されている。

　1990年代半ばからの長期停滞による賃金の低迷、格差拡大で、性別役割分業の条件を満たす男性は減少している。仕事と暮らしの両立への対応の遅れ、男女の賃金格差、生涯の所得格差を目の前にして、女性は、性別役割分業を期待せざるを得ない。その結果、性別役割分業の期待に応えることができない非正規、低賃金の男性は未婚になる。この傾向は、団塊ジュニア世代、氷河期世代以降により深刻になっている。すでに男性の50歳未婚率は30％に接近している。婚外子が出生児の30％を占める他の先進国と異なり日本の出生児のほとんどが夫婦のもとに生まれてくる。結婚の減少＝出生の減少となる。

　性別役割分業を維持するために男性正社員は長時間労働になりがちである。正社員＝長時間労働に女性までが巻き込まれる必要はない。ジェンダーギャップ、男女賃金格差を縮小し、性別役割分業を縮小し、男女とも仕事と暮らしを両立できる社会にすべきである。これに成功した北欧などは、高い出生率と高い女性の労働率、経済成長率を達成できている。

　他方、日本では、ジェンダーギャップ、性別役割分業と被扶養制度は、互いに補完する関係を維持しており、それが少子化や経済の低迷を引き起こしている。現実には、性別役割分業を支える経済前提が消滅しているにも関わらず、日本社会はまだその幻想にすがっており、それが未婚化、少子化を深刻にしているという事実を日本人は自覚する必要がある。

　ゴールディン教授は、多くの年配世代（昭和世代？）にとりついている性別役割分業の幻想の悪影響とその幻想が若い世代にも影響を与えていることを指摘したのではないかと思う。

　では、認定こども園は、どのような役割を果たすのか？　かつてあった幼保二元モデルは性別役割分業を前提として、同時に性別役割分業を補完するシステムでもあったが、状況は大きく変化した。認定こども園は、男女の自由で、柔軟な働き方を支え、ジェンダーギャップを解消しながらも、同時に一番大事な子どもの健全な成長を支えることが期待される。

図4-1　ジェンダーギャップ・性別役割分業・被扶養制度の補完的関係

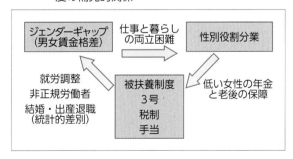

【参考文献】
＊1：毎日新聞「ノーベル賞教授の記者会見に反響　見抜かれた未熟な日本の女性参画」
　　（https://mainichi.jp/articles/20231012/k00/00m/020/082000c）

# 「少子化対策」から「家族支援政策」への転換

榊原智子●恵泉女学園大学客員教授、ジャーナリスト

## かつてない対策、低迷する期待

2023年4月にこども家庭庁が発足し、子どもの権利保障を定めた「こども基本法」も施行された。加えて、「異次元の少子化対策」を掲げた岸田政権は、こども未来戦略の具体化へ財源確保も含めて取り組んでいる。政府や与党が本気となり子育て政策に大きな変化が起きているが、背景にあるのは深刻な少子化と人口変動への危機感だ。一方、積極的な子育て支援策が示されたのに、世論や若い世代の期待は高まっていない。子どもを産み育てる環境としての現状は、「子育て罰」「母親ペナルティー」などの言葉が飛び交うほど厳しくなっており、この程度で改善されるとは思えない――そんな冷めた空気が漂う。

児童虐待相談は2022年度に過去最多の21万9170件に上った（速報値）。2021年度に確認された虐待死亡は74人で5日に1人のペースで亡くなっている。子どもの貧困率は対策推進法ができて10年たつが10％超と高いままだ。未来戦略には「虐待死ゼロ」を目指す決意や貧困率を改善する数値目標などは記されていない。

結局、「産ませるための対策」であって「子どもや親を守り幸せにする政策」ではないのだとわかるところに、期待低迷の要因があると考える。

## 1970年代と家族支援政策の夜明け

では、若い世代が求める「異次元の政策」はどういうものか。内閣府が2020年度に行った「少子化社会に関する国際意識調査」は、日本を含む4か国の20〜40歳代の男女に「自国は産み育てやすい国か」を尋ね、フランスは「そう思う」が82％、スウェーデンは97％に上ったのに対し、日本は「そう思わない」が61％を占めた。調査は、緊急時に育児の助けを頼める先についても質問し、フランスやスウェーデンでは保育所、ベビーシッター、近隣住民、友人などが挙がったのに対し、日本では両親と祖父母に負担が集中していた。こうした差がそのまま表出したように、新型コロナウイルス禍のパンデミックが始まった4年前、日本では「産み控え」が起きた一方、スウェーデンなど北欧諸国やフランスでは「今のうちに産んでおこう」と考えた若者が多かったとされ、出生数は増加した。

こうした違いはどこからくるのか。2023年夏に日本でも公開された映画「シモーヌ――フランスに最も愛された政治家」はそのヒントを示唆する。主人公のシモーヌ・ヴェイユは、アウシュビッツ収容所から生還し、司法官から保健大臣に抜擢された女性政治家で、家父長制がまだ強かった1970年代のフランスで、女性や子育て家庭の権利を高める法律をいくつも成立させた。映画のワンシーンにもなった人工妊娠中絶を合法化する法案の採決では、年間30万人もの女性が危険な違法手術を受けている状況を変えるべきと訴え、男性議員ばかりの国会で賛同を勝ち取った。大臣在任の5年間で「妊娠出産の無償化」や保育を拡充し利用者を広げる「積極的保育」にも取り組んだ。女性が家庭で行っていた育児を、社会全体で支え

る社会連帯の仕組みへ転換する「家族支援政策」を推し進め、その後の同国の出生率上昇につながったと指摘されている。

1970年代は、欧州で女性の就業、出生率低下、離婚などが増え、「夫が稼ぎ妻は家庭」を前提とした家族と社会の形が変容した。新たな課題に対応するため、経済的支援より保育所などのケアサービスの重視へとシフトした。フランスでは「親と子を丸ごと支える家族支援」の構築へ踏み出し、家族支援政策の黎明期となった。

## カギを握る保育政策

こうした転換は、1970年代にスウェーデンやフィンランドなどでも起きた。就労する女性が増えても男性中心だった職場は長時間労働が当たり前で、家庭ではワンオペで家事育児を担った。保育所は不足し、女性に負担が集中し、出生率は低下したが、次第に女性の政治参画が進むと子育てを支える政策が充実していった。

北欧諸国は今、国際調査で子どもや母親の幸福度が高いことが知られるが、「子どもと子育てにやさしい社会」に転換していく過程では試行錯誤があった。この過程を知るフィンランド初の女性大統領だったタルヤ・ハロネン氏は「カギを握るのは保育政策だ」と指摘していた。「1980年代のスウェーデンの調査で、幼稚園に通った子どもより保育所出身の子が学力が高いとわかった。早くから社会性を身に着け、自立心が養われるからだろう。ただ、どんな保育でもよいのではない。長時間保育は避け、家族で過ごす時間を大事にする。保育者の教育水準を上げることも重要だ」と強調していた。

## 日本への示唆、認定こども園への期待

1970年代にフランスや北欧が直面した課題は、女性活躍が求められる現在の日本が直面している課題と重なる。子育てと仕事の両立困難、女性のワンオペ育児、離婚の増加、母子家庭の貧困、保育所の不足や質の不安……などだ。こうした課題へ対応し、家族支援の総合的な政策を作り上げてきたフランスや北欧の経験に学べる点は少なくない。

政府の未来戦略には出産費用の軽減、保育利用の門戸を広げる「こども誰でも通園制度（仮）」、カップルの育児を推奨する「共働き・共育て」などが盛り込まれた。これらはシモーヌ・ヴェイユが推進した「妊娠出産の無償化」や「積極的保育」などに通じる施策で、家族支援政策の具体化につながる内容といえる。とはいえ、若者が「日本は安心して産み育てられる社会」と考えるようになるには、まだ超えるべきハードルがいくつもある。子育てを「家族責任」や「自助」としてきた価値観を改め、子育てを社会全体で支える考え方へシフトすることは第一歩だろう。それが、子育てを社会全体で支える財源と包括的な支援策を具体化する前提になる。そのうえで、「社会のための少子化対策」から「全ての子どもと親を守り幸せにするための家族支援政策」への転換を急ぐべきだと考える。

転換を進めるうえでカギを握るのは、やはり保育政策と認定こども園ではないか。保育政策はどの国でも家族支援の柱であり、親と子を「家族責任」の窒息から救出する力を持つからだ。また、少子化で親子の孤立リスクが高まるなか、共に子育てする共同体を提供し、新しい家族支援のあり方を地域に浸透させる推進力を持つのは認定こども園だろう。率先して多様な家族を受け入れ、地域を牽引する役割を担っていってほしいと考えている。

# 「異次元の少子化対策」は、若者の心をとらえるか？

宮島香澄●日本テレビ放送網報道局解説委員

### 3.5兆円規模投入で加速　異次元の少子化対策

「こども家庭庁」が発足し、こども・子育て政策の重要性がようやく広く理解されるようになってきた。人口減少への警鐘はずっと鳴らされてきたが、目の前で宅配やタクシー、ホテルがまわらなくなり、地方で交通などのインフラ危機が鮮明となり、新型コロナもあって新生児の出生数が予測以上に落ち込んで、誰もが「このままではまずい」と思う事態となっている。

政府が打ち出した「異次元の少子化対策」は加速化プランとして、3年後で3.5兆円規模を充て、国のこども家庭庁の予算は今の5割増し、2030年代初頭までに倍増を目指す。「加速化プラン」によって、日本のこども・子育て関係予算は、OECDトップ水準のスウェーデンに達する水準（こども一人あたりの家族関係支出）になるという。しかし、この対策に対する国民の反応は鈍い。日本テレビの世論調査（7月調査）では、異次元の少子化対策を「評価する」との答えは24%。「どうしてこんなに評判悪いの？」「どうしたら、希望どおり生むようになるの？」私が取材で接する政策関係者たちも真剣に悩んでいた。待機児童を減らし、幼児期の保育料を無料にし、児童手当拡大。不妊治療に虐待防止、この数年で強化されてきた政策は、以前に比べると各分野に目配りされ、使われる税金の規模も10年、20年前とは段違いだ。

### 財源をめぐる議論

少子化の要因として、若者の経済環境と将来見通しの悪化は大きい。経済成長と賃金の上昇は必須で、皆が全力で取り組む課題だ。ただ、この改善のためにも消費者・労働者としての人口は重要で、鶏とタマゴの部分もあり、これだけに頼るわけにはいかない。少子化対策の財源はすぐに生み出す必要があり、2022年の年末にはこの財源構造が大きな議論となった。政府は「こども対策財源」の考え方として、「社会連帯による支え合い」「財政構造の見える化」「保険と公費による安定的な財政構造」を挙げている。政策をこども家庭庁に一本化していくことに加え、財政でも新たな特別会計を設けて（こども金庫）給付と負担をわかりやすくするとしている。特別会計が将来無駄を生じることを防げれば、この方向性に異論はない。

私が気になるのは「社会連帯」が実現するかである。少子化対策の財源をどう生み出すかをめぐって、経済界などは「消費税」の必要性を主張した。「社会保険料」は現役世代や企業が負担の中心となるが、消費税は税の中でも比較的負担者が広く、相対的に公平な税とされる（逆進性の指摘はある）。これに対し、岸田政権は「加速化プラン」の3.5兆円規模の捻出に、増税を封印した。新たにつくる"公平な"「支援金制度（仮称）」には社会保険料の徴収ルートを活用するが、保険料アップの政治的影響を避けたいこともあり、「実質的に追加

負担を生じさせないことを目指す」とした。財源は医療改革などで生み出し、追加負担はないですよ、というわけだ。その「医療」改革などの2024年度予算の攻防は、この白書が出るまでには終わっているはずだが、保険料の追加負担なし、でおさまっただろうか？

「医療改革」が今度こそ進むならそれ自体は歓迎するが、私は「追加負担なし」の説明の仕方には危うさを感じている。「負担」と「給付」の関係は、誰かの給付をアップするには、誰かの負担増や給付減（構造改革も含め）が必要だ。「子育てをみんなで支えよう」という機運を盛り上げて、負担を含めて子育てが皆の自分ごとになればいいのに、「異例の給付はやるが皆さんの新たな負担はないですよ」と言いたいようなのだ。「給付」と「負担」の感覚が薄い日本。「打ち出の小槌」があるかのように給付して積み上げたのが、国の大借金だ。そしてそれは次世代の重い負担になる。その次世代のための支出すら、今の世代が「新たな負担はない」と言いながら進めることでいいのだろうか……。結局のところ「自分ではない誰かがやって」という期待は、子育ての社会連帯感を削いでいるように思える。

### 日本は、子どもを育てにくい国

内閣府が発表した子育てに関する国際比較がある。「子どもを生み育てやすい国だと思うか」の質問で、「そう思う」という答えが日本は38％。スウェーデンの97％はもちろん、約8割のフランス・ドイツの半分だ。2020年の数字だが、少子化対策が強化されているこの10年でも、子どもの数はどんどん減少している。職場や公共の場での扱い、教育への親の責任感、日本の少子化は、経済的背景とは別に、特に女性側の、親になることへの負担感が減り、子育てへの安心感が増さなければ大きく改善はしないと思う。

政府は、こども・子育て政策が目指す将来像として「こどもと向き合う喜びを最大限感じるための4原則」を掲げている。

1 こどもを生み、育てることを経済的理由であきらめない
2 身近な場所でサポートを受けながらこどもを育てられる
3 どのような状況でもこどもが健やかに育つという安心感を持てる
4 こどもを育てながら人生の幅を狭めず、夢を追いかけられる

この方向性や良し。具体的にどう実現するか、である。

私の息子2人が保育園にお世話になった20年ほど前は、今よりずっと、職場が子育てに厳しく、保育関係者も働き過ぎの母親に対しては厳しい時代であったが、私自身は、「全部背負わなくていいんだよ」「なんとかなるよ」というメッセージをくださった何人かの保育士の方に救われたと思っている。認定こども園はこれまでも旧来の保育施設より多様な家庭の受け皿になってきたが、新制度で「こども誰でも通園制度（仮称）」ができれば、さらにいろんなタイプのご家庭の支えになると期待されている。

今十分にリーチできていない、子どもをこれから考える世代との交流も、子育ての安心感に繋がると思う。認定こども園など、保育施設の大変さと意義がより理解されるように、子育ての安心感を広められるように、メディアの立場からも力を尽くしたいと思っている。

# 少子化対策の次元を高めるために

宮本太郎●中央大学法学部教授

**少子化対策の次元を高めるために**

　政府のこども未来戦略会議は2023年6月に「こども未来戦略方針」（以下「方針」）をまとめ、その内容は2023年12月に「こども未来戦略」として閣議決定された。政府が少子化対策を政治の中心的課題として位置づけていることは率直に評価したい。ただし、いくつかの点で違和感を覚える。

**婚姻率低下を転換できるか**

　第一に、少子化の主要因に正面から対処するうえで弱いのではないか、という点である。

　少子化の背景については、未婚化・晩婚化など有配偶率の低下と、少産化・無子化つまり有配偶出生率の低下の双方が問題とされる。これまでは有配偶率の低下が主要因で有配偶出生率はむしろ上昇傾向にあった。だが2015年前後からは有配偶出生率も低下している。

　現在の日本では子育てのコストがたいへん高いために、一定の年収がなければ子どもを持つことが難しい。有子世帯の年収は平均で全世帯平均の1.4倍である。だが大きな支出を迫られるために「生活が苦しい」と答える世帯が全世帯平均より多いのである。このことを考えると、「方針」が子どものいる世帯の経済負担を下げるとして、児童手当の拡充を打ち出すのは間違っていない。

　児童手当の所得制限を撤廃し、高校生までの給付として、子ども3人目からは3万円の給付とすることである。さらに、有子世帯への経済支援については、多子世帯の住宅ローン金利優遇、育児休業給付8割給付、育児時短就業給付などが打ち出されている。

　その一方で、若年層の所得減少に伴う婚姻率の低下は依然として少子化の主要因とみなされる。対処していく必要については報告書のなかでも再三強調されている。けれども施策としては「新しい資本主義」と「リ・スキリング」で若年層の所得を底上げするとされ、有子世帯への現金給付に比べるとたいへん抽象的な提起である。「リ・スキリング」については、2023年度予算で人材開発支援助成金に600億円以上の財源がついているが、主には人材育成を自社でおこなう企業への助成で、低所得層に届く支出とはいいがたい。

**子ども支援の弱さ**

　第二に、子ども支援という視点が後景に退いている印象が強い。この「方針」については、有子世帯の子育て支援に傾斜していて子育て支援と少子化対策が区別されていないという指摘がすでにある。併せて重要なのは、子ども支援としての保育・幼児教育の質をいかに向上させるかという視点である。子ども支援の充実とくに良質な保育・就学前教育の実現は、出生率を高めると同時に、逆ピラミッド型の人口構造のもとで将来世代が社会を支えきる力を強める。また貧困の連鎖を食い止めることにもつながる。

　にもかかわらず2001年の「待機児童ゼロ作戦」以来、少子化対策としては待機児童削減ば

かりが前面にでて、保育・幼児教育の質向上は後手後手に回ってきた。

「方針」でも保育の質を上げるとされ、目標としては1歳児は6対1から5対1へ、4・5歳児は30対1から25対1へとすることが掲げられている。だがこれは社会保障と税の一体改革において掲げられた目標であり、今日までその実現が先延ばしされてきたものである。消費税増税の条件でもあったはずの目標が、なぜ棚上げにされてきたかがまず問われよう。

さらに、親の就労要件を問わず誰でも幼児教育・保育給付を一定時間利用できるという「こども誰でも通園制度」が提起されている。大事なことはたとえ短時間でも充実したプログラムが提起され、家庭での子育てと連携することである。様々な家庭の子どもが園に馴染む条件や時間数を確保し、安全を保障するためには、相応の財源も必要である。だが現状では多様な家族を支える仕組みというより、「しっかり家庭で子育てをしている主婦に一息ついてもらう」というレスパイト的な発想がついてまわっているようである。2023年9月から同制度をめぐる検討会が開始されているが、そこでも複数の委員から一時預かりの拡張版のような制度になってしまうことへの懸念が表明されている。

### こどもまんなかの意味

第三に、結婚や家族そして子育てをめぐる「意識改革」の呼びかけをめぐってである。

社会保障・人口問題研究所の「出生動向調査」では、「結婚したら子どもを持つべきだ」という考え方に「まったく賛成」「どちらかといえば賛成」と答える人は、2015年に男性で75.4%、女性で67.4%であったのが、2021年には男性で55%、女性で36.6に落ち込んでいる。

こうしたなか「方針」では「こどもまんなか社会に向けた社会全体の意識改革」が提起され、「こどもまんなかまちづくり」「こどもまんなか宣言」がいわれる。子育てしやすい社会づくりという趣旨であろうが、子どもを持つことに逡巡している世代に「こどもまんなか」を連呼することはミスリーディングな面がある。

これまでも女性には子どもを産んだ瞬間から母親としての役割を最重視することが暗黙のうちに求められてきた。両親には子どもをまんなかにいわばインスタ映えする幸福な家庭を築くというプレッシャーがかかる。家族福祉への財政支出が依然として抑制されているなかではこのプレッシャーは重い。逆にフランスの出生率の高さを子どもと両親の幸福を別だてで考えるフランス社会の意識のあり方から説明する議論もある（牧陽子『産める国フランスの子育て事情——出生率はなぜ高いのか』明石書店，2008年）。

政治は、若い世代が直面している事態により丁寧に寄り添っていくことが求められるし、「こどもまんなか」は何よりもまず政治のプライオリティのあり方として実現されるべきであろう。

# 認定こども園の使命の広がりの中で保育の質を向上させていくこと

無藤　隆●白梅学園大学大学院客員教授

　認定こども園の数また割合は増加の一途をたどっている。その使命が重視されてきているのは明らかであり、「こどもまんなか社会」の実現に向けてさらに広がりを見せている。それは何より幼児教育・保育そのものとともに子育て支援の機会の拡大が求められているからである。少子化がさらに進む中で、家庭・保護者（親）支援がさらに強化されるとともに、すべての家庭の認定こども園の利用の機会が広げられていくと同時に、その機能の拡大が保育の質そのものの保持・改善・向上へと相伴っていくべきなのである。

## 子育て支援の強化・拡大へ

　今、少子化が極めて深刻な問題となっている日本にあって、子どもの数を増やさないまでも、その減少の速度を緩めるだけでも社会経済的に意味があるはずである。あまりに急激な子どもの数の減少、ひいては労働人口の縮小が高齢者人口の拡大と反比例して問題の深刻さを大きくしている。そのための各種の提案がなされ、そのいくつかが施策として実行されようとしている。それは一方では少子化に応じての園の統廃合を含めた整理をしていく必要として現れている。他方で特にこども園においても、今まであまり利用していない層にまで保育サービスを拡大して提供する試みが広がりつつある。

## 少子化の中の園の整理としてのこども園

　都道府県・市町村の違いによって、乳幼児人口の減少は異なり、まだ多少とも増えている地域もあるのだが、大部分は減少していっている。それは園の統廃合を必然的なものとしつつある。こども園は幼稚園と保育所の機能を統合したものとして誕生したのであるから、その働きはますます重要になってきている。とはいえ、減少はそのレベルを超えており、園数や園の定員数の減をどう行うかという模索・検討・実施の段階に入ってきた。

　それを単に量の減少として事務的に処理することもできようが、実際には子どもが住む家庭・地域から相当に遠くに通わねばならないことになれば、それは家庭また子ども自身に負担を掛ける。小規模の園も増えていくであろうけれど、園自体の統廃合を避けがたい地域も多く出てくるであろう。

　問題はあまりに少子化が急激すぎて対応が追いつかないところにある。現実を見ざるを得ない中で、どうやって子どもにとっての最善の利益を確保しつつ、少子化時代への対応を可能にするかが今の課題となっている。園の保育の質の確保が問われるが、同時にそこにどの程度の子どもの数（集団規模）が子どもの成長にとって望まれるかの検討が必要になる。子どもの数が減っていく中で、従来以上にその一人一人の子どもを大切にそしてよりよく育て導くための保育の責務は大きなものとなるのである。

## 子育て支援の拡充と保護者とともに進める園の保育

　保護者から信頼される園となっていくことが以前にもまして重要になってきた。園の保育

は何をするのか、そこで子どもがどう成長していっているかの説明責任も一層重くなるのだが、これは園側の一方的な責任として捉えるべきものではなく、保護者とともに保育を進めるパートナーシップの枠組みの中で捉えることが重要になる。ここでは、何より子ども一人一人の今と未来とに責任を持つという意味での子どものウェルビーイングの尊重と、その背後にある家庭と保護者のウェルビーイングへと寄与すべき園の使命の確認が求められる。

その意味でどこまで子育て支援を拡大するか、またどこまでの子ども・家庭に対してどの程度の通園・預かりを認めていくかは認定こども園の使命とともに、現実的にそれを可能にする行政的な支援・補助の程度にも依存する。地域による違いが起こりそうであるが、何より子ども・保護者そして園の保育のどれもがよりよいものになっていくための策を検討し、実現していく責任が行政側・家庭側とともに認定こども園にあることは言うまでもない。

**園の保育の質を高めていく方策に向けて**

園の保育の質の中核はその保育のプロセスを改善していくところにある。それは絶えず保育に注意を払い、自分の保育を改善することが核となるが、実は同時に、保育から一旦離れて、それを見直す機会、また園の同僚とその保育について語り合う機会があって、その視野が広がり、同時に子どもの捉え方の固定化を脱却していくことが可能となる。つまり、保育を熱意を持って進めること自体と、保育を区切り、それを再検討できる機会の双方が相まって、保育の改善が進むのである。

さらに園としての保育の展開に心配る必要がある。個々の保育者の営みとともに、それを園の保育者が共有しともに考え工夫すること、さらに園長・主任などが園の全体を見渡し、調整し、時に助言し、方向付ける。それが相まって説明責任を担う保育が可能となるのだし、同時に個々の保育者がその保育で時に行き詰まるところを超えていくヒントが得られる。そのような園としてのガバナンスとカリキュラム・マネジメントが従来にもまして強調されるようになったのは、例えば不適切な保育が起こることなどについても園としての責任体制を明確にすることにより防ぐことが期待できるからである。

さらにその保育を多少とも距離を持って見直す機会にこそ、要領・指針の読み解きや他園などの実践を参考にすることの意味が出てくる。それはその通りに実行することではない。というより、それは不可能であり、園により事情は様々であり、同じことを真似することに意味がない。また要領等の抽象性・大綱性に照らすと、それは理念であり、自園の保育の現実に当てはめることは単純なその適用というより、保育を見直していく中で行うべき創造的な営みのはずなのである。

園の保育の質がきちんとしたものとなっていっているか。それを高める努力をしているかどうか。そこは要領などに従えば、子どもの主体的なあり方を資質・能力の3つの柱から見直し、幼児期の終わりまでに育ってほしい10の姿が確かに園の保育の中の活動においてよく見られるかどうか、子どもたちがその活動の機会にそのような伸びていく姿を示しているかで検討できる。さらにその検討は保育を行い、それを記録し、共有して見直し、指導計画を改善する過程として進められる。そのことを確かに行っているかどうか。それが園の保育の質を維持し、向上させていくための最重要な方策なのである。

# 期待を裏切らない保育・教育のために

山縣文治●関西大学人間健康学部教授

## はじめに

2022年12月に、連続して発覚した幼保連携型認定こども園および保育所における職員による虐待事案に対応して、半年後、こども家庭庁は「保育所等における虐待等の防止及び発生時の対応等に関するガイドライン」（2023年5月）を発表した。「保育所等」には、「保育所、地域型保育事業所、認可外保育施設及び認定こども園」が含まれていると説明されており、認定こども園においてもこのガイドラインは有効である。また、「虐待等」については、「児童の心身に有害な影響を与える行為」を含むものとされ、「不適切な保育」については、虐待等とは言えないが、改善すべきと考えられるものも含むとされる。

このガイドライン本文に示されるように、児童福祉施設の設備及び運営に関する基準第9条の2で、児童福祉施設の職員には、利用している子どもに対する虐待等の禁止規定があるが、ガイドライン公表後も虐待等事案が連続しているように、実態が伴っていないという現実がある。

本稿では不適切な保育・教育が発生する構造を検討することで、子どもや保護者、さらには社会の期待を裏切らない保育・教育を展開する基盤を検討する。

## 不適切な行為の発生構造

福祉施設従事者による不適切な保育・教育行為（以下、不適切な行為）の発生構造は、図4-2のようなモデルで示すことができると考えている。不適切な行為は、職員が子ども（利用者・生活者）に対しておこなうもの（①）である。施設には、複数の子どもが生活しており、時には子ども間で暴力が生じることもある（②）。このことに気付いているにもかかわらず、適切に対応していないと、職員によるネグレクトとなる。

では、なぜ不適切な行為が発生するのか。1つは、職員自身の未熟さ、暴力や体罰を許容する態度などの個人的問題であるが、その他にもいろいろ理由が考えられる。保育所等では少ないが、児童養護施設などでは、子ども自身が職員に対して暴力を振るったり、犯罪行為や破壊行為をしたりすることがある（③）。これに対して適切な対処能力を身につけていなければ、暴力や懲罰という形で対応することになる。この他にも、職員間の諍いや、管理職等に暴力等や強制的な保育・養育を肯定する文化がある（④）、理事長と施設長が一緒だったり、世襲制であったりして理事会や評議員会が機能していない（⑤・⑥）、社会福祉法にもとづく苦情解決制度である第三者委員（⑦）や運営適正化委員会（⑧）が機能していない、保育所等でいうと、騒音問題や朝夕の送迎時の混雑への不満など地域社会からの批判や偏見（⑨）、これによって、職員が増えにくかったり活動がしづらくなるなど制度の低水準（⑩）、これらが、意図的か否かにかかわらず、職員の不適切な行為を誘発していると考えられる。

## 適切な保育・教育を展開するために

　図4-2から読み取っていただきたいのは、不適切な行為、すなわち、保育・教育において人権や権利を侵害するものには、個人の質、実践の質、組織の質、制度の質、（地域）社会の質の大きく5つが関係しているということである。

　これをもとに、具体的な内容を検討し、例示したのが表4-4である。これらは、不適切な行為を生じさせるものであると同時に、その質を上げることによって、不適切な行為が減少し、ひいては適切な行為を展開するものともなる。

　とりわけ、個人の質、実践の質、組織の質については、外部からは見えにくいものであり、意識的な対応が必要である。たとえば、第一者評価としての自己点検・自己評価、第二者評価としての利用者評価、第三者評価としてのエキスパート評価などである。これを情報提供あるいは開示することで、ステークホルダーである利用者や納税者たる住民に対しても、アカウンタビリティを果たすことになる。

## 検討が必要なこと

　高齢者虐待防止法や障害者虐待防止法は、虐待者として、通所サービス職員を含めているが、児童虐待防止法は保護者に限定している。児童相談所が関わる施設の職員については、児童福祉法で被措置児童等虐待への対応制度を設けているが、保育所をはじめとする通所サービスには適用されない。

　重大事故等の検証については、「教育・保育施設等における重大事故の再発防止のための事後的な検証について」で検証制度が設けられているが、検証報告は都道府県と市町村の共有に留まり、公表を原則としていない。

　繰り返される保育・教育現場の不適切な行為を少しでも減少させ、期待を裏切らない保育・教育を展開するには、少なくとも上記のような対応が求められる。

図4-2　不適切な保育・教育行為の発生構造

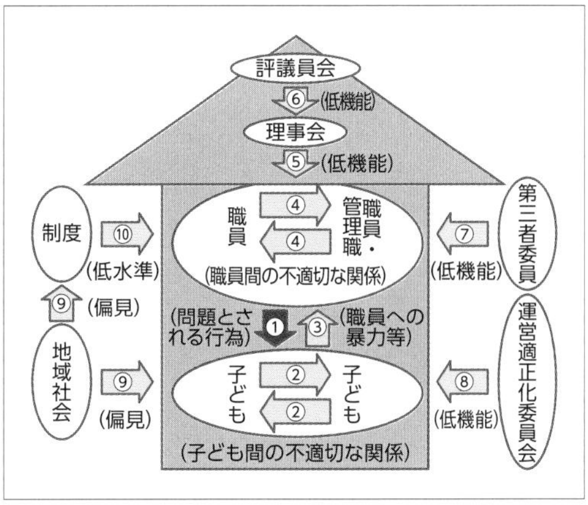

表4-4　不適切な行為に関連する5つの質

| 個人の質 | 実践の質 | 組織の質 | 制度の質 | （地域）社会の質 |
|---|---|---|---|---|
| ・職員の人権意識（倫理観・人間性）<br>・職員の実践力　　　　　　　等 | ・保育に関わる計画<br>・保育内容<br>・保育実践　　　　　　　等 | ・隠蔽・閉鎖的体質<br>・利用者と提供者の関係の非対称性の理解不足<br>・理事会・評議員会・第三者委員の低機能　　　　　　　等 | ・環境・職員配置等制度水準<br>・ニーズの放置　　　　　　　等 | ・子ども発達の理解不足<br>・超少子社会の危機感の薄さ　　　　　　　等 |

# 改めて施設中心から機能中心へ
## ——天動説から地動説への転換を
吉田正幸●保育システム研究所代表

　総合施設構想から認定こども園制度の創設まで、認定こども園が誕生するプロセスに当初から関わってきた者の一人として、この制度が始まって約18年が経つ中で、改めて認定こども園の特質と存在意義を考えてみたい。

### 認定こども園に求められる2つの役割

　ここで考察する観点は2つである。1つは、乳幼児期の子どもの健やかな育ちを総合的に支えるという役割。もう1つは、社会構造や社会経済の変化に対応して、多様かつ柔軟に必要な機能を提供するという役割である。この2つの役割について、機能ということに着目して認定こども園の果たすべき役割を捉え直してみる。

### 子どもの健やかな育ちを総合的に支える役割

　子どもの健やかな育ちを総合的に支えるという役割については、①子どもに対する幼児教育・保育の提供、②保護者に対する子育て支援の提供、③地域社会における連携・協働の推進という3つの機能がある。言い換えると、子どものより良い育ちのために、質の高い幼児教育・保育の提供という機能に加えて、最も身近で重要な子ども環境である家庭や地域社会の機能の再生・向上という機能を発揮することが大切である。

　幼児教育・保育に関しては、幼稚園と保育所という目的も制度も異なる二元体制が長らく続いてきたが、後述する社会構造や社会経済の変化の波の中で、それぞれの持つ機能に限界が見え始めた。その結果、同じ地域の同じ年齢の子どもでありながら、保護者の就労の有無によって子ども・子育て家庭が分断され、ひいては地域社会の分断にもつながっていった。

　これに対して、幼保一体の機能を持つ認定こども園は、保護者の就労の有無を問わず、幼児教育・保育を提供することができる。そのことは、単に幼稚園・保育所それぞれの欠けた機能を補うだけでなく、様々な家庭の様々な状況の子どもが多様に関わり合うという得がたいメリットをもたらす。

　また、多様な子育て支援も、認定こども園として必須の機能であり、併せて地域社会における連携・協働のハブ機能を発揮することで、家庭や地域社会という子ども環境の機能の再生・向上に貢献できる。そのことと質の高い幼児教育・保育とが相まって総合的な機能を発揮することにより、子どもの健やかな育ちの保障につながるという点が重要である。

### 社会構造や社会経済の変化に対応した多様で柔軟な機能を提供する役割

　少子高齢・人口減少社会の到来や女性就業の拡大など、社会構造や社会経済が大きく変化する中で、多くの分野において制度疲労や機能不全ということが言われ始めた。それは幼稚園・保育所の分野も例外ではない。女性就業率の上昇が保育ニーズを増大させる一方、所得格差や子どもの貧困問題が顕在化し、子ども・子育て環境も厳しさを増していった。その影響を最も受けたのが幼稚園である。園数も園児数も1960年代の水準にまで落ち込んだ。

一方の保育所は、待機児童の増加によって拡大していったが、量的対応に追われて人的・物的・環境的な状況が悪化した。加えて、小規模保育事業や企業主導型保育事業、認証保育所など、認可保育所の"亜種"が数多く誕生し、待機児童対策の一翼を担うことになった。しかし近年、量的に拡大した保育所等も、少子化の加速によって定員割れの施設が徐々に増え始め、今後さらに厳しい状況に置かれると予想されている。

その点で認定こども園は、保護者の就労の有無や子ども・子育て家庭の属性に左右されず、1号・2号・3号子どもをすべて受け入れることができる。保護者の就労の有無その他の状況がどう変わろうと、子どもは引き続き同じ園に通い続けることができる。

また、経済的な貧困にとどまらず、関係性の貧困や経験の貧困が言われる今日、認定こども園の持つ一体性や一貫性を活かした多様で柔軟な機能は、子どもの発達の連続性や生活の連続性を担保するものであり、それが認定こども園の大きな特質になっている。

**認定こども園の存在意義**

認定こども園の制度的な特徴は、徹底して機能に着目した点にある。認定こども園には、幼保連携型、幼稚園型、保育所型、地方裁量型と4つの類型があるが、その違いにかかわらず幼児教育機能、保育機能、子育て支援機能を総合的に発揮する仕組みとして構想された。つまり、幼稚園や保育所、認可施設、認可外施設といった施設種別の違いを越え、機能認定を受けた施設が認定こども園ということになる。

ただ、2006年10月に制度が創設された当初は、幼保二元体制の下で制度が運用され、施設中心の体制から脱却できなかった。それが、2015年4月から施行された子ども・子育て支援新制度により、ベースとなる施設の違いを越えて機能により着目した仕組みとなり、どの類型であろうと同じ機能には同じ財政措置が講じられることになった。

社会や時代の変化に対応しながら必要な機能を提供し続けることこそが、認定こども園の存在意義だと筆者は考えている。もちろん変化に対応するとは言っても、普遍的な機能は高いレベルで保持し続けた上で、子どもや子育て家庭、地域社会、社会経済などの変化に柔軟に対応した質の高い多様な機能を発揮することが重要である。

そう考えると、未就園児を対象とした「こども誰でも通園制度」が求める機能も、社会状況の変化に対応したものであると同時に、すべての子どもの最善の利益を保障するという普遍的な機能でもある。例外のない保育保障という理念にも叶っている。

今や、「施設の生き残り」という施設中心の考え方や、施設側の都合で物事を捉えようとする"天動説"の時代は終わりを迎えている。子どもの健やかな育ちや家庭・地域社会という子ども環境の改善のために、どのような機能を持てばいいのかという機能中心の考え方や、必要な機能を発揮するために施設の在り方をどう見直していくかという"地動説"こそが、次代を切り開くチャンスを生み出す。

こども家庭庁が標榜する「こどもまんなか」は、子どものための政策をどう打ち出すかという機能中心の発想でもあり、子どもを軸に様々な施策や事業を展開していくという"地動説"の表明でもある。認定こども園が「こどもまんなか」の新たなステージに立ち、さらに「質の高い多様な機能＝総合的な機能」を追求し、実践していくことが期待される。

# 特定非営利活動法人全国認定こども園協会のあゆみ

設　　　　立：2008（平成20）年 8 月 1 日
設立許可日：2009（平成21）年 6 月22日（NPO法人認証日）
目　　　　的：この法人は、子どもの教育・保育・生活の質の向上や子育て支援の総合的な充
　　　　　　　実と、それに寄与する認定こども園の健全な発展と振興を目指すとともに、す
　　　　　　　べての子どもの最善の利益が図られるよう子ども環境の整備に寄与することを
　　　　　　　目的とする。
事 業 内 容：会員同士の情報交換・意見交換。
　　　　　　　会員への各種情報提供。
　　　　　　　職員の資質の向上を図るための各種研修の実施。
　　　　　　　経営の健全化や教育・保育の質の充実などに資する調査研究の実施。
　　　　　　　認定こども園の普及・充実及び運営改善に資する事業。
　　　　　　　関係機関・団体との連携の推進。
　　　　　　　その他必要な事業。
代　表　者：代表理事　王寺 直子（2023（令和 5 ）年 6 月17日〜）
会　員　数：1,845（正会員、賛助会員含、2024（令和 6 ）年 3 月31日時点）


◆2022（令和 4 ）年度の主な活動
○子ども・子育て会議への参加
　　第61回（07/07）
　　第62回（10/04）
　　第63回（12/08）
　　第64回（02/01）
○小倉少子化担当大臣との意見交換会（09/14）
○幼児教育と小学校教育の架け橋特別委員会
　　第 8 回（05/23）
　　第 9 回（10/31）
　　第10回（12/16）
　　第11回（01/30）
　　第12回（02/27）
○送迎用バスの置き去り防止を支援する安全装置の仕様に関するガイドラインを検討する
　　ワーキンググループ
　　第 1 回（10/04）
　　第 2 回（10/20）
　　第 3 回（10/27）
　　第 4 回（11/01）
　　第 5 回（11/17）

第 6 回（11/28）

第 7 回（12/15）

○子ども・子育て支援制度における継続的な見える化に関する有識者会議

第 1 回（02/02）

第 2 回（03/06）

第 3 回（03/27）

○令和 4 年度子ども・子育て支援調査研究事業

　・「教育・保育施設における事故に至らなかった事例の収集・共有等に関する調査研究」

　　『意見交換の場』

◆2022（令和 4）年度の主な研修会

○トップセミナー 2022

　コロナ禍と人口減少社会の先にある認定こども園の姿（06/17）

　於：大手町三井ホール

○認定こども園経営セミナー 2022

　コロナ禍と人口減少社会の先にある認定こども園の姿（02/22）

　於：赤坂インターシティコンファレンス

○ICT化研修会「保育分野の業務負担軽減のためのICT」

○アドバイザリーボードとの勉強会①（宮島香澄氏）

○アドバイザリーボードとの勉強会②（池本美香氏）

○アドバイザリーボードとの勉強会③（大日向雅美氏、汐見稔幸氏、山縣文治氏）

○こども基本法勉強会①（吉田凪紗氏：内閣官房こども家庭庁設立準備室）

○こども基本法勉強会②（井上泰輔氏：内閣官房こども家庭庁設立準備室 参事官補佐）

○危機対策セミナー（木元有香氏：鳥飼総合法律事務所 弁護士）

○役員賠償責任セミナー

○はぐくみ基金セミナー

○会計セミナー学法・社福

○次世代リーダー勉強会

○次世代リーダー研修会

○次世代未来を語る会

○会員限定動画研修会

○SDGs勉強会「世界の中の日本とSDGs：教育の役割」

◆2023（令和 5）年度の主な活動

○子ども・子育て支援等分科会

第 1 回（08/01）

第 2 回（10/12）

第 3 回（11/21）

第 4 回（12/06）

第5回（02/19）

○こども誰でも通園制度（仮称）の本格実施を見据えた試行的事業実施の在り方に関する検討会

第1回（09/21）

第2回（10/16）

第3回（11/08）

第4回（12/25）

○保育士資格等に関する専門委員会

第1回（10/19）

第2回（11/27）

○子ども・子育て支援制度における継続的な見える化に関する調査研究事業（第2期）専門家会議

第1回（11/14）

第2回（12/05）

第3回（12/18）

第4回（02/06）

第5回（03/11）

○日本版DBS関連

・こども関連業務従事者の性犯罪歴等確認の仕組みに関する有識者会議　第2回（07/19）

・自民党：「こども・若者」輝く未来創造本部　日本版DBSに係る業界団体ヒアリング（11/10）

・公明党：子どもたちを性暴力等から守るための制度検討プロジェクトチーム　少子化対策・子育て支援本部合同会議（11/22）

○令和5年度幼児専用車ワーキンググループ

第1回（07/31）

第2回（10/31）

第3回（12/20）

○保育人材確保懇談会

第1回（03/12）

◆2023（令和5）年度の主な研修会

○トップセミナー2023

超少子化社会における認定こども園の役割と課題

～すべてのこどもたちのために私たちは今、何ができるか？（06/16）

於：赤坂インターシティコンファレンスtheAIR

○認定こども園経営セミナー2023

変革期にある保育施設～保育の本質・多機能化・多角化を考える～（02/22）

於：都市センターホテル

○ICT化研修会「保育分野の業務負担軽減のためのICT」
○大人とこどもの安心のためにできること〜遊びを通した心のケア（01/30）
○労務トラブル対策セミナー（12/14）
○クレーム対策セミナー（01/17）
○会計セミナー学法・社福
○次世代リーダー勉強会
○次世代リーダー研修会
○次世代未来を語る会
○SDGs勉強会「世界の中の日本とSDGs：教育の役割」

# おわりに

　2024（令和6）年1月1日16：10頃に発生した能登半島地震は、最大震度7の揺れや津波を発生させ、建物の倒壊や津波の被害などを引き起こし、多くの被害をもたらしました。この、阪神・淡路大震災に匹敵する大きな災害により被災された方々に心よりお見舞い申し上げます。犠牲者のご家族に心からの哀悼の意を表し、被災地域の皆さまの一日も早い復旧・復興を心よりお祈り申し上げます。

　さて、2023（令和5）年の前半から作成に入った本白書も2冊目となり、前回は手探りであった内容もまとめる範囲が絞られてきて、作成も順調に進むかと当初は思っておりました。しかし、こども家庭庁から、こども大綱、こども未来戦略、幼児期までのこどもの育ちに係る基本的なビジョンと続けざまに重要な施策が発表され、当初では11月末までには原稿を完成させ、初校作成へ入る予定でしたが、一部修正を入れながら12月までの内容を盛り込むこととなり、年末年始でなんとか軌道に乗せられるかと思っておりました。

　年明け早々に能登半島地震が発生し、編纂委員会のメンバーも被災したなかで、これは大変なことになったと先行きを危惧しておりましたが、なんとか2月中に原稿をまとめることができました。本白書を認定こども園に関わる皆さまに活用していただけると幸いです。

　最後になりますが、編纂委員会メンバーおよび助言をいただいた吉田正幸先生、中央法規出版株式会社編集部の皆さまへ感謝を申し上げたいと思います。

特定非営利活動法人全国認定こども園協会 副代表理事
認定こども園白書編纂委員会・委員長

財前 亘

## 監修者・編集者一覧

監　修　吉田正幸（株式会社保育システム研究所）
編　集　特定非営利活動法人 全国認定こども園協会
　　　　（認定こども園白書編纂委員会）

### 認定こども園白書編纂委員会

委員長　財前　亘（岡山県：認定こども園小ざくら保育園）
委　員　王寺直子（佐賀県：認定こども園あかさかルンビニー園）
　　　　櫻井定宗（石川県：幼保連携型認定こども園本宮のもり幼保園）
　　　　篠崎直人（大阪府：平和の園）

（50 音順）

# 認定こども園白書 2024

2024 年 4 月 30 日　発行

監　修…………吉田正幸

編　集…………特定非営利活動法人 全国認定こども園協会

発　行…………特定非営利活動法人 全国認定こども園協会

　　　　　　　〒107-0052　東京都港区赤坂 4-1-1　小泉ビル 2 F
　　　　　　　TEL 03-6426-5315　FAX 03-6426-5316
　　　　　　　https://kodomoenkyokai.or.jp/

制作・発売………中央法規出版株式会社

　　　　　　　〒110-0016　東京都台東区台東 3-29-1　中央法規ビル
　　　　　　　TEL 03-6387-3196
　　　　　　　https://www.chuohoki.co.jp/

本文デザイン・装幀…………ケイ・アイ・エス有限会社

印刷・製本……………………長野印刷商工株式会社

定価はカバーに表示してあります。

ISBN978-4-8243-0067-6

本書のコピー、スキャン、デジタル化等の無断複製は、著作権法上での例外を除き禁じられています。また、本書を代行業者等の第三者に依頼してコピー、スキャン、デジタル化することは、たとえ個人や家庭内での利用であっても著作権法違反です。
落丁本・乱丁本はお取り替えいたします。

本書の内容に関するご質問については、下記URLから「お問い合わせフォーム」にご入力いただきますようお願いいたします。
https://www.chuohoki.co.jp/contact/